唐人お吉物語

Okichi

竹岡範男

Norio Takeoka

文芸社

序

唐人《とうじん》お吉《きち》は本名を斎藤きち。天保十二年（一八四一）十一月十日、下田坂下町の舟大工《ふなだいく》市兵衛の次女に生まれ（一説には愛知県知多郡で生まれ、四歳の時移住とも）、七歳の時、河津の城主であった向井将監《むかいしょうげん》の愛妾《あいしょう》村山せんの養女となり、学問、伎芸《ぎげい》の道を学んで、十四歳で芸妓《げいこ》となり、「新内明烏《しんないあけがらす》のお吉」とうたわれました。が、安政元年（一八五四）十一月の大地震に続く大津波で村山家とも絶縁、孤独となりましたので、生家の実家に復帰。

たまたま安政三年七月二十三日、アメリカ総領事ハリスが、ペリーの神奈川条約（日米和親条約）の約束を果たすために来日し、下田並びに日本の状況を調査、日米修好通商条約締結のための草案《そうあん》を作成し、ワシントンに報告、ワシントンからの書状を持って将軍に謁見《えっけん》しようとしていました。その間、通訳ヒュースケンの要請《ようせい》もあり、安政四年五月二十一日、下田奉行はお吉を、奉行所より山下節左衛門の引戸《ひきど》駕籠に乗せ、森山多吉郎、菊名仙之丞、通辞名村常之助、立石得十郎警護のもと、陸尺《ろくしゃく》にかつがせてハリスのもとに送り、また同年五月二十七日、晴天、南風の日にお吉の妹芸者お福をヒュースケンのもとに送りました（安政四年『町会所御用日記』）。お吉には年俸《ねんぽう》百二十両、支度金《したくきん》（召使いであれば支度金はいりません）二十五両。お福には年俸九十両、支度金二十両が支給されています。

それから約一カ年後、安政五年六月十九日、日米修好通商条約は井伊大老とハリスとの間に調印されました。お吉はハリス一行と湯ケ島、三島、箱根、小田原、品川と東海道を下って、麻布の公使館善福寺まで一行と旅をともにしたようです。

条約締結後のお吉は幕末の動乱に捲《ま》き込まれ、祇園の芸妓となり、松浦武四郎《まつうらたけしろう》の片腕となって開国に奔走《ほんそう》、維新後は流浪《るろう》の果て、下田に戻り、相変わらぬ悪罵《ばせい》と嘲笑《ちょうしょう》と、貧困の中に反抗しつつ、明治二十四年三月二十五日、五十一歳で下田川（稲生沢川《いのうざわ》）の上流門栗ケ淵《かどくりがふち》で豪雨の夜投身自殺しました。身寄りもないうえにラシャメンであったため、父母の菩提所《ぼだいしょ》までがひきとりを拒《こば》んだのでした。そこで宝福寺竹岡大乗師が義侠《ぎきょう》と慈愛《じあい》の心より人夫《にんぷ》二名を雇って、墓地の一隅、杉の木の下に、法名「釈貞歓《しゃくじょうかん》」をおくって葬ったのです。後昭和五年、新しく大きい墓石も寄進されましたので、私は大乗師の跡を継いで第二次大戦敗北を機に、本堂の向かって右側、現在の位置に改葬《かいそう》、ここに遺骨を移し、初めてお吉の墓の建立を見たわけでございます。

お吉についての小説や劇は昭和の初期より現在までアメリカでも日本でも作家諸君が心血《しんけつ》を注いで書いてきました。私は菩提寺の住職として、小説に走ろうとする筆を抑《おさ》え、抑え、お吉の声を聞きつつ、従来、父竹岡大乗、母、大乗の姉や妹、檀家の古老《ころう》でお吉をよく知っていた人達より、昔から聞いていた秘話をたどりつつ、できるだけ短く一篇《いっぺん》に纏《まと》め、下田まではるばるお吉の墓に参拝せられた方々に読んでいただくことにいたしました。お吉の哀史《あいし》を、興味本位に書くことはあまりにもむごたらしくて私にはできません。

もとよりお吉のお墓に参ることは、山や河の景色を楽しむ一般の観光とはおのずからそのおもむきを異にしており、お墓であるうえはその構えが何よりもまず大切なことと存じますので、お焼香の用意をし、宝福寺お吉記念館の実物を見、説明を聞いていただいて、なお説明の足らぬ箇所《かしょ》を補う一環として、また、私の亡きあとの遺書として、更にみなさまの心の構えの一助として、お役にたてばと存じ、小冊に編《あ》んだ次第でございます。

人は自分だけの欲望を満たすことだけを考えて、他を犠牲にして省《かえり》みないで今の一刻を潰《つぶ》して空しく過ぎると、花の生涯も苦しいことばかり多いものでございます。しかし、お吉は自己の欲望を殺し、恋も名も金も棄て、暗黒政治に生きる民衆一人一人が、「自由」に生きて誰をも妨《さまた》げず、誰にも妨げられない「平和」な世を願って、自分は苦しい敗北のなかに、いばらの生涯を終えたのでありました。

そこに私は、人間が人間を殺す偏見《へんけん》と強制の恐るべき暴力を見、一人一人の人間にひそむ、いわば人間の持つ罪悪の可能性と痴愚性《ちぐせい》といったものに驚き、お吉の声を通じて如来《にょらい》さまの前に合掌《がっしょう》せずにはおれないのであります。

昭和三十七年　春

竹岡範男

HISTORY OF OKICHI'S TRAGIC LIFE AND HER GRAVE

Okichi, whose real name was Okichi Saito, was born on November 10 in the 12th year of Tempo (1841) as the second daughter of a ship-carpenter, Ichibei Saito, at Sakashita-cho, Shimoda.

Tsurumatsu was one of her play-fellows. At the age of 7, she was adopted in the family of Sen Murayama, once a mistress adored by the lord of Kawazu, Shogen Mukai. There she was taught all manners and arts for a Geisha girl. With her natural beautiful face and voice, she enjoyed high reputation, no sooner than she entered into the Geisha society at the age of 14.

In November of the 1st year Ansei (1854), a big earthquake took place and an awful tidal wave swept the region. Her house was destroyed and she lost everything she had. It was nobody but Tsurumatsu, now ship- carpenter, who consoled this lonely, beaten young girl. After that, they fell in love with each other.

On July 23 of the 3rd year of Ansei (when she was 16) the first American Consul General to Japan, Townsend Harris, with his interpreter Henry C. J. Heusken and others, opened the consulate at the temple Gyoku senji in Kakizaki and began the negotiation on the treaty of commerce between Japan and America. It was about this time when Harris caught the first sight of Okichi, just refreshed by bath.

The shogunate (Japanese feudal government) intended to lead the negotiation to it's advantage by offering Okichi to the consul. She was calld out to the office and ordered to serve Harris. Being proud, she would not accept the order which meant to sell herself for some amount of money. The office, troubled at her obstinacy, proposed Tsurumatsu to give him a title of Samurai if he separated from his lover, Okichi. On the other hand the office sent a cunning officer to Okichi and he appealed her even with tears. "Okichi, please understand that it's all for our country! "

At last his skillful entreating moved her. Front May 21 of the 4th year of Ansel, she began her service at the consulate. The negotiation between Japan and America, which had some obstacles, turned to better and the treaty was concluded in the 5th year of Ansei.

Not knowing her sadness and agony, people called her with despise. "Tojin Okichi! Rashamen Okichi! " Okichi drunk out desperately to forget everything.

On June 8 of the 5th year of Ansei, Harris was promoted to a minister plenipotentiary and moved to the legation in Edo (Tokyo) with Okichi. Next year, in the 1st year of Bunkyu, Heusken was murdered by a Japanese nationalist.

Soon after that, Harris returned to America. In the 3rd year of Bunkyu, Okichi was in Kyoto. She was found in the group of nationalists, for example, Yasufusa Katsu, Yodo Yamanouchi, Ryoma Sakamoto. Her opinion that Japan should be opened, was rather remarked among those.

She worked as a Geisha in Mishima. In the 11th year of Meiji (at her 38) she became hairdresser in Shimoda. There she knew Harris' death by people's rumour. And then she undertook to manage the brothel "Anchoku-Ro" at Daiku-machi, Shimoda. The brothel prospered for some time. But her loose way of management made the business bankrupt. Okichi in despair drunk night and day and her health was destroyed. She wandered about in the street, but she refused the people's sympathy. At the age of 51, on March 25 of the 24th year of Meiji, she drowned herself into the upper place of Kadokurigafuchi, pool of the river Inaozawa and closed her tragic life. Nobody claimed her but St. Daijo, chief priest of the Hofukuji temple, carried back her body and intered it out of his tender mercy.

宝福寺由来

1. 永禄2年（1559）11月、織田信長の圧迫をのがれ、本願寺第11代顕如並びに法孫釈了善、真言を改め開基。
2. 嘉永7年（1854）日米和親条約の交渉にあたり、日本全権の本陣となり、下田奉行所が置かれていた。なお、東大地方史研究中・福田寺を奉行所としてあるのは、編集員に対し、誤って口伝したもので深くお詫び申し上げ、改めて、ここに訂正するものである。
3. 文久3年（1863）1月16日、宝福寺に滞在中の山内容堂に勝海舟が来山し、坂本龍馬の脱藩の罪の許しを乞い、許されている。当日、龍馬は町の旅館にあって、その朗報を待っていた。
4. 慶応元年（1865）韮山代官江川太郎左衛門英武の本陣、農兵調練所趾。
5. 明治に入り、宮城の修復のため寺有地の大半を売却して協力、菊の紋章の使用を許され、また、第1回徴兵検査場として使用されたり、賀茂郡役所として利用されてきた。
6. 第二次大戦では梵鐘の類は徴収され殺人弾に鋳潰《いつぶ》されている。
7. 唐人お吉菩提寺、お吉記念館（ドイツ、イギリスに博物館として登録されている）。

目次

唐人お吉物語

一章　孤独地獄

明治二十四年（一八九一）三月二十七日。

その日は朝から雨が降ったりやんだりの肌寒い日で、お吉はその昼過ぎあたりから、珍しく大工町のあばら屋を出て、杖《つえ》にすがりながら、理源寺という町はずれのお寺の境内《けいだい》に行きました。

そのお寺は第二次大戦の末期に、米軍の二百五十キロ爆弾の直撃を受けて、めちゃめちゃに吹き飛ばされ、今では跡もなく、代わって下田中学（現・下田小学校）が建っているというわけです。だがその当時は、寺というより「庵《いおり》」に近い堂が建っており、住職がそこをお守りしておりました。境内は山地で、なだらかな山道にそって、少しのぼっていくと、藁《わら》屋根の庫裡《くり》があり、庫裡の手まえに、相当深くて広い池がありました。

お吉はその池に投身するつもりだったらしく、やっとそこまでたどりつくと、池のほとりに蹲《うずくま》ってしばらく考えこんでいました。髪は無雑作《むぞうさ》に束《たば》ねたまま、着物は何年となく着古《きふる》してつづれが氷柱《つらら》のようにさがり、その上跣《はだし》でした。十六歳の頃下田一の芸妓とうたわれた美しい面影《おもかげ》は、僅《わず》かに端正《たんせい》な目鼻だち、きりっとした唇に、青白く影を宿しているくらいのもの、潔《けっ》癖《ぺき》で、綺麗《きれい》好きなお吉とは考えられぬ、みじめな変わりようでした。

彼女が歩いていると、子供達が「唐人が来た、唐人が来た」「やあい、かさっかき」などと、彼女のあとをついてきて、石をぶつけたり、また、大人は往来《おうらい》に撒《ま》いていた水を、わざとかけたりして彼女を苦しめました。いや、苦しめるなどということまでは考えていなかったかもしれません。どんなひどい仕打ちをされても、顔色一つ変えぬお吉をいいことにして、人々はお吉を皆でよってたかってなぶり、なぶることによって、心に重くのしかかってくる毎日の生活の不満を晴らしていたのかもしれません。だから歩くのは夜だけにしておけば、自分から苦しむ目に遭わずとも済んだのでしょうが、お吉は故意《こい》に昼間、町中を歩いたりした日が多かったそうです。

というのも、やはり、小さい時からの負けず嫌いの性格からで、「そんなにお吉が憎いのなら、今に跣《はだし》で歩くみじめったらしいお吉を、下田じゅうひきずり廻《まわ》してやるよ」と、他人ごとのように仲のよかった友達に笑って言ったそうです。

安政四年の『町会所御用日記』によれば、五月二十一日、お吉がタウンゼンド・ハリスのそばづめとして、奉行所の、山下節左衛門の駕籠に乗せられ、四人の陸尺が、前に二人後ろに二人で担い、通辞名村常之助、立石得十郎ほか森山多吉郎、菊名仙之丞という侍が警護して、奉行所から、ハリスの待つ館に送られたのが暮六つ。

沿道の人垣《ひとがき》は厚く列をなし、列は罵声《ばせい》となり、バラバラ石礫《つぶて》となって駕籠《かご》を打ちました。お吉はあまりにもやかましいので、駕籠の引戸を引き人垣《ひとがき》を眺めました。すると、人々は一瞬たじろぎ、静かになりました。たぶん度胆《どぎも》を抜かれたのでしょう。自分達のせまい愛国心に気づかぬ人々としては、そこに当然、お吉が身とともに国を売る行為をあえて為《な》すことに対し、町の人々に慚愧《ざんき》の思いを口にするか、涙に見せるか、あるいは何かしらはじらいの身振りで示すことを期待して息を呑んだのかもしれません。

しかし、お吉は人々が静かになったのを見て、再び脇息《きょうそく》にもたれ奉行から手渡された『侍《じ》妾《しょう》心得《こころえ》之事《のこと》』と題する一冊を読み続けたというのです。お吉が侍妾となるについて奉行は支度金二十五両、年俸百二十両をお吉に与えました。ハリスの召使いや洗濯男達は月一両二分、馬丁が一両三分の手当てでした。それこそ半農半漁の下田の町の人々にとっては、それこそ七《しち》生《しょう》かけても手にすることのできぬ大金だったのです。そのうえ、武士の娘という名目《めいもく》で武士の駕籠に乗せられ、侍をおつきにし陸尺を侍《はべ》らせての館《やかた》入り道中。どんなに、人々はお吉を憎んだことでしょう。

混血

ハリスが下田へ来る三年前に、米使《べいし》ペリーの一行が日本に来ました。一行はそのとき下田をも視察に訪れたのですが、国情《こくじょう》をよく知らなかったためもあるでしょうけれど、土足《どそく》で人家にはいったり、言葉が通じなかったためでしょうけれど、家の中にある珍しいと思われるものを持ち出したりして、町民にはひどくきらわれました。それに、下田から一里北方にある蓮台寺温泉で、ひぜん（皮膚病の一種）の湯治《とうじ》につとめていた吉田松陰が、密航をくわだてて捕えられ、唐丸籠《とうまるかご》で江戸へ送られてまだ間もない頃でもあったし、町民としては異人に関わりを持つことは、今ではとても想像もできぬ恐ろしいことであったに違いありません。でも、一方、ハリス一行はアドミラル・ペリーら軍人とは相違して、花街あたりでも、たいへん金ばなれがよく、それに何よりも女性に対しても親切だとの陰の評判はたいしたものだったとのこと。当時、

旦那持つなら異人さんを持ちゃれ　二朱の女郎に　二分くれた（註・一朱は二十五銭、一分は四朱、四分は一両）

という俗謡《ぞくよう》が流行ったくらいです。人間というものはおかしなもので、怖い怖い、近づくな、親しくするなと抑えられれば抑えられるほど、かえって近づいてみたい、親しくなりたいという気持ちになるもので、それに、近づいてみ、話しあってみて、異人さんが決して恐ろし

いけだものではない、それどころか、ケチで強情《ごうじょう》で、威張《いば》るよりほかに能《のう》のない町の男達とはうってかわって、女を喜ばす術《すべ》を身につけた紳士であると知れば、女郎に限らず堅気《かたぎ》の娘も、田舎娘が噂《うわさ》に聞く東京に憧《あこが》れるように、心の奥底では異人に憧れていた娘もいたと言えないこともありません。

ハリスの滞在場所玉泉寺に近い柿崎の浜辺のあたりに、みすぼらしい石塚《いしづか》がひっそりと雑草にかくれたりしていますが、そうした石塚は、地元の人達の話によれば、下田に来た外国人と娘や女郎衆などとの間にできた、子供を埋めたあとであるとか、下田の橋を渡ったところに見える松林の中にも、そうしたあわれな子供達が母親の手によって密《ひそ》かに埋められ、塚も残されていないものさえたくさんあるといった話を、私は古老《ころう》から聞かされております。

下田港の犬走島《いぬばしりじま》から真東に当たる福浦という海岸は黒船来航当時は船着場でありました。そして韮山《にらやま》代官は乗組員の洗濯場として石だたみを作りましたので、村人は福浦の海岸を洗濯場とも呼んでいます。海岸の山寄りの草むらに五つ墓が並んでいます。

菓子商を営んでいる村松鶴吉という八十の老人の話によると、鶴吉の祖母が「洗濯場付近に俺あ家の田があってな。毎日野良《のら》仕事に出ていただが、アメリカの水兵が女達に金を投げてよ、女と遊んでいただが、そのうち色の白い鼻の高いあいのこを生んで、殺しての、あの墓に埋めたのさ、怖《こ》えこんだ」と話していたとのことです。もとより墓石を新しく作る力はないので、お寺から、無縁《むえん》となって供養してくれる人もない墓石を借りてきてそれを建て、人知れず母親は香華《こうげ》をたむけていたのでしょう。だから墓石の年号もまちまちなわけです。

親の情けは、古今東西を問わず深いもの、ましてや、そうした不遇《ふぐう》なわが子への愛はひとしお、それにわが子を埋めなくては、世間への顔向けもできない、生きていけないと追いつめられた母親の涙はどんなに熱く切ないものだったことでしょう。それかあらぬか、中には狂って死んだ娘もあったと聞いています。第二次大戦で敗北し、被占領国《ひせんりょうこく》となった日本でも、一部の娘さん達は、衣食住《いしょくじゅう》に困ったあげく、外国人との生活にはいり、中には立派に国際結婚をして、正式に外国人の妻となって陰に陽に国交の親善に役立っている人達もあり、また不幸にして夫に死別されたり、棄てられたりして、父を知らぬ混血の子供を、じっと歯を食いしばって育てている未亡人がたくさんあります。また育てられぬ人達は、子供達を育児院にあずけました。国家はこれを不十分ながら大切に育てているのです。が当時はそれほどには開けていないし、理解もなく、知恵もなく、国家的施設など考えてもみない頃でしたし、何よりも悪いことには、幕府は「渡航条令」なるものを設《もう》け、庶民が外国に渡ることを絶対に許しませんでした。したがって、国際結婚は不義《ふぎ》に等しい御法度《ごはっと》だったのです。

娘達もまたその親達も、その頃、そうした法度は万々《ばんばん》承知していたればこそ、生まれ出た赤ん坊をそのようにむごたらしく処置したのでしょうが、そうした法度を改める力などとてもありませんので、いきおい、怨《うら》みは武士や外国人に向けられ、特に、子を持つ親は外国人を「唐人」とさげすんで忌《い》み嫌《きら》ったもののようです。だからお吉がハリスのもとに行くと知って、そうした憤《いきどお》りが彼女一人に向けられる形となったのもやむを得なかったのでしょう。そういう事情は、よくお吉も知っていましたし、お吉を口説いた伊佐新次郎とて同じでした。

伊佐は奉行支配組頭《くみがしら》の役を務《つと》めていました。お吉は愛情とか、お金とかが目当てではなく、当時ペリーの武力にかけても鎖国政策を打ち破ろうとした強硬《きょうこう》な態度に負けて、やむを得ず開国し、通商条約を結ばねばならない事態に追いこまれた今、何とかして、かねてより通商を求めてきていたロシアやドイツ、イギリス、フランス等の諸外国との間に処《しょ》して、日本が有利になるようハリスにとりはからってもらうには、直接奉行所から頼むわけにもいかないと考えていたところ、領事館側から、お吉とその妹芸者お福を求めてきたので、総領事の求めに応じてお吉を差し出し、この際、ハリスの真意《しんい》を知ろうとの決心をし、いわばお吉をスパイとして使うことを考えたというわけです。

そこで、奉行や諸大名、将軍といった目上の侍《さむらい》以外には下げたことのない頭を、町芸者のお吉には下げ、ひたすらに、領事館行きをお願いしたのでした。この点で、創作で知られているピンカートンのお蝶夫人の哀話や、同じ実話でも、商人モルガンに嫁《か》して幸福な生涯を送ったお雪さんとは全然、お吉の場合はその性格が違っていたことがわかります。

池の縁《ふち》にたたずみ、水鏡に映る、われながら変わり果てた自分の顔をじっとみつめているお吉の姿はこの世のものとは思われませんでした。やがて、水鏡に映っていた顔が、たちまち崩《くず》れ、池の面《おもて》は見るまに波立ちました。雨雲はすっかりぐるりの山々を灰色に包み、雨はそろそろ本降りになったようでした。その時、突然、庫裡の障子《しょうじ》があいて、住職が出てきて、「誰だ、そこにいるのは」と大喝《だいかつ》しました。お吉は夜になると、空腹に耐えかねて、下田の寺々を廻《まわ》り、食を乞《こ》うといった生活を続けていましたが、十箇《こ》の寺の中で、お吉の空腹を、快く満たしてくれる寺は、これも因縁《いんねん》と申しましょうか、今は菩提寺《ぼだいじ》となっている宝福寺以外にはありませんでした。

勝気《かちき》で負けず嫌いの彼女が恥をしのんで、生き延びてきたというのも、実は、伊佐新次郎に会いたかったからでした。というのも、恋人であった船大工の鶴松を、自分と離すために、侍に仕立てて江戸に追いやり、「何事もお国のため」という殺し文句で彼女を侍妾とすることに成功し、外交の難局を打開し、明治の新政府が樹立《じゅりつ》されるや外務省の要職《ようしょく》につくほど出世した彼でした。それから三十年、その間一度も下田の町の人々に、なぜ彼女がハリスの館《やかた》に通ったか、その時のやむを得なかった事情を説明したり、彼女の立場を町の人々に一句たりとも弁明してくれなかったことをお吉は怨《うら》んでいたのでした。

理源寺の住職は、「なんだ。お吉じゃないか」と言って、「そんな所で、変なことをしたら承知しないぞ」と怒鳴《どな》りつけました。お吉はふっと昨日別れたばかりの伊佐新次郎とのことをまざまざと思い浮かべました。「なんだ。お吉じゃないか」と言った住職の言葉は、昨日、三十年ぶりにあった伊佐新次郎が、最初お吉に言った言葉とすっかり同じだったからでしょう。住職が言った、「変なことをしたら」というのは、「自殺などしたら」ということで、「承知しないぞ」というのは、この世に執念のある人だけに通用する言葉であって、もはや自殺する場所を求めていたお吉には無益だったに違いありません。

仏家《ぶっけ》では人の危難を救うことを無畏施《むいせ》と申しまして、お金や財産を施《ほどこ》し与える財施《ざいせ》や、法を説いて悟《さと》りを開かせ、道を得させる法施《ほうせ》とともに大切な修行とされています。そんな難しいことを言わなくとも、宿に困っている人があれば宿を貸し、食べ物に困っている人があれば一杯のめしを、冷たい世間に痛めつけられている人、笑いを忘れてしまっている悲しい人には心からの優しい微笑みとあたたかい言葉を与えることも立派な施しとなると言われています。心からの優しい微笑みは、えくぼや瞳《ひとみ》や唇《くちびる》ばかりではなくて、その人の心に輝くあたたかい愛情のあらわれだからでしょう。

孤独地獄に沈んでいた自分を知り、信じ、愛していてくれた人がここにいると思う時、人は力強く明るく生きる道を、現在生活している場に発見できることは確かです。お吉は不幸にして、町の中でそうしたあたたかい言葉や微笑みにあったことはありませんでした。

そこで最後のよりどころとして寺々を廻ったのですが、そうした巡礼を重ねている間にここの理源寺の住職もお吉をよく知っていたわけです。だが、彼はかつて「寺は本来無一物《むいちぶつ》だ。おまえにやるものはありはせん」と追い払ったことがあったのです。まったくお寺にもいろいろありまして、豊かでも施《ほどこ》すことを忘れている寺、そうでない寺。貧しくとも施しを常とする寺、そうでない寺。ここの寺は自分の口と心を糊《のり》することすら容易ではなかったのです。そこで、三日は続いても四日目にはついこうした荒い言葉も出たのでしょう。それきりお吉はその寺へは足を向けなかったのでした。それを、その日久しぶりにお吉が来て、それも、池のそばでうなだれていたので、てっきり自殺する気だなと直感したものとみえます。

もはやお吉にとって、そうした冷たい荒い言葉は聞き慣れていましたので、気にもとめなかったのですが、前にも申しました通り、「なんだお吉か」という言葉が伊佐の言葉と瓜《うり》二つなので、それがお吉の胸にひっかかり、危《あや》うく池に逆《さか》さにずり落ちそうになった体を支えたのです。彼女は立ちあがって住職には目もくれず、もと来た道に引き返して行きました。

二章　お吉をたずねて

一方、伊佐新次郎は江戸から湯ケ島、下田と駕籠で来て、人力車に乗って下田の町に来たのは一昨日のことでした。仮奉行所であった宝福寺や、かつて仮条約をペリーと結んだ了仙寺を訪れました。山門の石段の両脇に陸尺棒を持って立っていた番人の姿もなく、寺の参道や境内を整然とうずめた米兵の影もありません。まるで夢のようです。

しかし、山高帽《やまたかぼう》に蝶ネクタイ、マントを着て靴をはき、ステッキを持って同じ場所に立っている自分、歩くたびに鳴る靴の足音は夢や幻ではなく、こんな確かなことはありません。彼は再び人力車に乗って、安直楼《あんちょくろう》という小料理屋へ行きました。伊佐は車夫《しゃふ》から、お吉が四十二歳の頃、ちょうど九年前その料亭を開き、間もなくその店も潰《つぶ》れたと聞いたからです。

安直楼の暖簾《のれん》をくぐると、お吉から店を買いとったお吉の友人である五十近い女将《おかみ》が出てきました。彼女は伊佐の出世をおだてあげ、彼を座敷にあげ、女をつけようとしましたが、伊佐はたたきに立ったまま、「急用があってゆっくり話してもおられぬのじゃ。ところでお吉について簡単に女将の話を聞きたい」と、訪問の要件を告げました。

女将はお吉と聞き、ちょっと顔色を変えたようでした。というのは、新しい文明開化の世となったとはいえ、お吉についてとやかく批判がましいことを言えば、当然、お上《かみ》の政治にふれることになるし、アメリカについての好悪をはっきり意思表示することになります。それで、尊王攘夷《そんのうじょうい》の声もまだ田舎のほうへ行けば行くほど強く聞くことができる状態だったし、尊王でなければ、千人共暮《ともぐ》らしの狭い町では、お客も来なくなるといったところから、それに関わりを持つお吉にふれることを恐れたのでありました。女将は「あんなだらしのない、のんだくれはありませんよ」と悪口をまじえながら伊佐にその後の様子を話してくれたのでありました。

それによると、お吉は「江戸、京都、横浜、三島くんだりまで流れ歩いて、したいことをし、言いたいことを言って明治十二年頃、下田に来てこの安直楼を開いた」というのですが、「線香を酒の肴《さかな》にして朝晩酒びたり」でそのうえ「貸し倒れ」てしまい、その後、柿崎に髪結《かみゆ》いをしていたと聞いたけれど、今はすっかり消息不明だとのことでした。「線香を酒の肴に」というのは、自分に支払われた線香代をそのまま飲んで客に振る舞うという意味だったのです。決して線香を食べたわけではありません。

女将はお吉が江戸、京都、横浜、三島くんだりまで流れ歩いて、したいこと、言いたいことをしてと嘲《あざけ》ったが無理もないのだ、お吉が各地でなぜそうしなければならなかったか、そこでお吉が何をしていたかを女将は知らないからであろうと、伊佐は直感するとともに、新政府ができた今もなお、お吉が自分との約束を守り通してきている事実を知って驚きました。そして、お吉を不幸にした直接の責任者はこの自分だったのだと思うと、伊佐はその場にいても立ってもいられなくなりました。

「このことはお上の御聖断《ごせいだん》によるもので、秘密だから、おまえが何のためにハリスのもとに行くかは誰にも言わないでくれ。領事館へ行ってからも、侍妾心得は固く守り、領事館のことは町民に一言でも洩《も》らしてはならぬぞ」と言いふくめたその約束を、お吉は今まで一言も語らず、その苦悩を酒にいやしていたのかと思うと、伊佐は一刻も早くお吉に会って慰《なぐさ》めてやらねばと思い、また、いや今となって何を慰めることができよう、ただ深く謝《あやま》らねばならぬと思い決めたのでした。

ヒュースケン大喜びにて

安政四年の『町会所御用日記』によれば、五月二十一日にお吉が領事館へ行ってから、約一週間たった五月二十七日、妹芸者のお福がやはりヘンリー・ヒュースケンのもとへ駕籠で引き渡されています。「ヒュースケン大喜びにて、女ばかり残し、ひきとりとの事、直《ただ》ちに女ばかり残し、六つ刻引きあげ侯」と、やはり、同じ『町会所御用日記』にあります。ヒュースケンはハリスの通訳でオランダ人、なかなかの好色家《こうしょくか》であったと町でも噂《うわさ》されました。

というのは、お福から中村という農村の娘さよに情が移り、その後もおきよ、おまつと転々とそばづめを変えたという記録が残っています。そうしたところから噂《うわさ》が出たともいえます。けれど、確かに好色だったに違いありませんが、侍妾を次々に変えたという事実は、好色からばかりとは申されないのではないかと思います。

女達が『侍妾心得』にそむいて、領事館内のことを口外《こうがい》したり、町の男を無断で館内に呼びいれたり、物を持ち出したりしたために、さすがのヒュースケンも奉行にそのことを注意したりしたため、解雇され、その補充として、村の娘などがお福に代わって次々とヒュースケンの侍妾になったという事情を、私は地元の檀家《だんか》の老婆《ろうば》から聞いています。その老婆も武家の出で、昔、芸者をしていたし、お吉の話はよく知っておりましたので、おそらく、それが事実でしょう。

そもそもがお吉をハリスの侍妾となるよう画策《かくさく》した張本人《ちょうほんにん》がヒュースケンであったことは、伊佐もまたおそらく一生知らないですごしたのではないでしょうか。いわゆる、政治は「でたとこ勝負だ」と公言した日本の政治家がありましたように、百人の訴えに耳をかし、その窮《きゅう》状《じょう》のよって来たる原因をつきとめ、これに対応して万全《ばんぜん》の策を講じ、解決してゆくという立派な政治家は、日本人物百年史一つを見てもなかなかおらないようです。そのような人は、また、政治という手段に訴えず、その表面に立とうという野心もなく、野心に代わる真実を自分の市井《しせい》の平凡な生活の中で燃やし続け、名もなく忘れ去られていっているからです。

　また、そうした無名の、下積《したづ》みとなって終わった庶民の力で歴史が動いてきた証拠の一つとして、歴史を動かした重要人物の、その時代の目標とそのための努力とはまるで反対の結果が、あざなう縄のように綴《つづ》られつつ現在に至っているではありませんか。人物が歴史を動かすのではなく、歴史が人物を動かしているのですね。その巨大な、得体の知れぬ歴史の正体こそ、庶民の言葉にも行動にも直接あらわれることをしない、かくれた意思なのです。その庶民の意思を裏づけているというか、その指導力というか、歴史を推進させているものが、地方のかくれた少数者の「良識」であり「善意」であり、色あせることのない「同朋愛《どうぼうあい》」となってあらわれる知恵のように思われてなりません。

　ところで、ヒュースケンはハリス一行とともに下田に上陸してから、暇《ひま》あるごとに、下田の町の隅から隅まで見て廻りました。拳銃をいつもポケットに忍ばせていたというところをみると、非常に用心深かったともいえます。用心深いということは反面疑い深いとも考えられますが、気が小さかったのでしょう。

　それがわざわいしてか、後年、東京麻布の善福寺が公使館となって、そこへ移り住んでから間もなく、彼がドイツの公使館を訪れた帰途、居合《いあい》抜きの名人といわれる武士にあって、恐怖からポケットのピストルに手を突っ込んだ瞬間一刀両断《いっとうりょうだん》され、即死してしまいました。武士は酔っていたといわれますが、おそらく酔ったふりをした計画的殺人か、当局が日本人を有利にするために、酔ったことにして誤魔化《ごまか》そうとしたのでしょう。酔ってやったことは罪にならないという不文律《ふぶんりつ》が、法的に崩《くず》され始めたのは敗戦後十七年もたってのことですから、そのようにして幕府が誤魔化そうとしたことも考えられるのです。ヒュースケンが殺されたため、各国の公使の意見が硬化《こうか》した時、ハリスが調停《ちょうてい》に立ち、日本に損害を与えぬようとりはからったのでした。

ところで、下田に原町という漁師町があります。その町の中央部にその頃公衆浴場がありました。男女混浴《こんよく》で、いつも大入り満員でした。その脱衣場の二階は休憩所でもあり、遊興《ゆうきょう》場でもありました。人々はそこで商談や、愛の取引、人の噂の交換をする社交場でもあったわけです。

下田という港は昔から避難港で、近海を航行する漁船は、嵐になると下田の港に避難しました。その頃はのん気なもので、「嵐にあったので積荷《つみに》を海に投げて船を救ったのだ」と言えば、それで船主の責任は問われることもなく済んだのだそうです。それで、上陸した漁夫達は、荷主の委託《いたく》した荷を町の商人に叩《たた》き売り、莫大《ばくだい》な金を得、色街《いろまち》でそれを散財《さんざい》したものでした。中には好《す》いた女と家を持ち、そのまま下田の住民となった人達もたくさんありました。

そこで、

伊豆の下田に長居《ながい》はおよし　縞《しま》の財布がかるくなる

といった、もともと他県の俗謡《ぞくよう》を下田になぞらえた歌が酒の席で歌われたりして流行し、今も下田の民謡として残されているわけですが、それを歌った他県の漁師達としては、早く嵐が去るとよい、長居をして避難ばかりしていると、縞の財布がかるくなってしまうという心で歌ったもの。さぞかし落ち着かなかったことでしょう。「たくさん持ってきた金も、交通不便なために、物価が高く、無一文《むいちもん》になってやり切れない」とか、「女の深情けから、ついつい来てみりゃ長居がしたくなる」といったことも含まれていたのかもしれません。酒と豊かさと、女といったものも当時の下田の魅力だったでしょうが、もう一つ、この男女混浴の公衆浴場も、人々を下田にひきつける一つだったらしいのです。

ヒュースケンも下田に来て、逸《いち》早くこの浴場を発見し、玉泉寺から毎晩、覗《のぞ》き見に通ったといいます，そのため、ある時には乱暴な漁師に追いかけられて命からがら逃げ帰ったこともあったと聞きました。この浴場を描いたドイツ人画家ハイネの絵が逆輸入の形で宝福寺のお吉記念館に飾られています。

プライバシー

何しろそういう不手際《ふてぎわ》な裏話をはじめ、お吉とハリスとの情事といった名誉に関することはプライバシーに属することで、実在の人物であるだけにその証拠はいわゆる清らかな歴史の上には抹殺《まっさつ》されるもの、平凡な市井の一人間が殺されても、歴史を編《あ》む人はこれを犬が殺されたと同じように取り扱います。

ところがその殺された人が、王公君主《おうこうくんしゅ》、政治家、財界の重鎮《じゅうちん》となると、歴史の上には大きく書き残されてゆくのです。

ことさらプライバシーに関わる話をおもてだてる必要はないし、情事の鍵穴《かぎあな》を覗いた写真やその声や音を録音したテープを見せろといきり立つのも愚《ぐ》の骨頂《こっちょう》と申せましょう。お吉の場合もそうで、現存している町会所の日記に記載されているように、公然とハリスのそばづめとして行ったこと、それによって日本が列国の間に立って有利になるようハリスの手で取り扱われるよう努力したこと、その後お吉がハリスと別れて、どんなに日本の開国の上でも、陰の力になって働いたかしれなかったことなど、一人の人間の生涯が、時代の波浪《はろう》にもてあそばれ犠牲になったことまで、青史《せいし》の名において抹殺《まっさつ》されるべきではないと考えられるのです。その抹殺論のよって来たる根をたどって行くと、地元のつまらないねたみや、観光のうえでの利害関係に絡《から》んでの策謀《さくぼう》だったり、それに踊らされていたなどということにもなりかねないのですから、なおさらです。

ヒュースケンは浴場の暖簾《のれん》をくぐって出てくるお吉とお福を見、二人に話しかけました。ところが、お吉はけがらわしいものを見るように知らん顔をして行き過ぎました。一方お福は、異人さんへの興味もあり、「おお、娘さん、あんたはほんとに美しい」とか何とかおだてられて、すっかり嬉しくなり二言、三言話しあううち、深い馴染《なじ》みになってしまったようです。それからというもの、二人はいつか逢瀬《おうせ》を楽しむようになりました。ヒュースケンは異国の珍しい品などを送って、お福への愛情の足らないところを補いました。

だが、お吉はその晩、家へ帰ると、「ああ、けがらわしい。せっかく風呂を浴びたというのに、すっかり体がよごれてしまった」と言いながら、さっさと着物も帯も脱ぎ棄《す》て、行水《ぎょうずい》を使い、着物を新しく出して着、今まで着ていた着物を盥《たらい》の中に投げこみ洗濯《せんたく》を始めたということですから、よほど外国人ぎらいだったことがわかります。

一方、ヒュースケンは下田の七軒町にあったお福の家に入りびたるわけにもいかず、といって二人のために一戸を構える余裕もありません。そこで、ハリスにまずお吉を紹介し、お吉をハリスの、お福を自分のそばづめとすることを思い立ち、お福と相談の結果、あらかじめ時間を決めて、公衆浴場から出てくるお吉に会わせました。

幻影

ハリスはお吉を見てすっかり気に入りましたが、その夜はそのまま帰り、床の間に張ったカーテンを開き、キリストの像にお祈りをして眠りにつきました。

彼もまた人の子、煩悩具足《ぼんのうぐそく》の凡夫《ぼんぶ》です。お吉の幻影《げんえい》にうちかとうとすればするほど、愛慾の炎は燃えさかり、行ないすまして安心していた自分の本質的虚仮不実《こけふじつ》の心をいやというほど知

お吉　十九歳（安政六年）

撮影者　水野半兵衛氏
出品者　水野重四郎氏

（注）　水野半兵衛氏は横浜で下岡蓮杖氏より写真を学び唐人お吉の話を聞き、下田へ来て写したもの。重四郎氏は三代目。

らされたことでしょう。いやそう思うのは、あるいは私の勝手な想像かもしれません。というのは、彼は宗教家でもなく、もともと陶器や衣類の貿易商であって、日本へ来るまでにフランスや香港に立ち寄り、貿易の仕事を済ましてきていたくらいですから、酸《す》いも甘《あま》いも味わいつくした「通人《つうじん》」でしたので、あるいはお吉とのしびれるような官能の世界を思い、船乗りの飲むラム酒をあおって、その夜はぐっすり眠ったのかもしれません。

海賊だって海賊の神に敬虔《けいけん》なお祈りを捧げます。形にあらわれた姿だけでは、その人の信仰の邪正《じゃしょう》は何人《なにびと》も判断できるものではないのですから。同じ神を信仰していてもお互いに神の名で、人類を滅ぼすほどの戦争を、あえてなすほど、人間というものは愚かなものです。とにかくハリスも不便を感じていたのでしょう。

抵抗

領事館では翌日、奉行所に中国人のボーイを送り、お吉とお福をホステスとして派遣《はけん》してくれるよう依頼しました。奉行としては、ハリスの上陸を最初は拒んで浦賀に廻航《かいこう》させ、煩《わずら》わしい交渉を逃れようとして失敗、玉泉寺にハリスを宿泊させ、そのために、ハリスの不興《ふきょう》を買ってしまい、何ら具体的な交渉もできず日夜悩んでいた時であっただけに、奉行も「こいつは渡りに船だ」とばかり喜んでしまいました。しかし、今までの歴史上、外国の使節に日本人のそばづめを公につけたという例を聞きません。そこで思い悩んだあげく、ついに決心をして早馬《はやうま》の使者を出し、韮山の代官、江川太郎左衛門の許可をうることにいたしました。

案の定《じょう》、江川代官は、下田の使者を烈火《れっか》の如く怒り、不見識《ふけんしき》も極まると言い、国辱《こくじょく》であると叱《しか》り飛ばしました。恐れ入った使者は空しく下田へ帰って、奉行にその旨《むね》を伝えたのです。一方、領事館からは、安政四年五月十九日付で「前日すでに了解のついた数項目の条約箇条を破談する」とおどかしてきての矢の催促《さいそく》、困り切った奉行は手紙を文箱《ふばこ》に入れ三度も使者を韮山に立てました。さすがの奉行も三度目は切腹《せっぷく》を覚悟したようです。

ところが運よく、船乗りで、アメリカに渡り、アメリカに帰化したジョン万次郎が江川公から この話を聞き、江川公を説得し、ようやくお吉、お福両人のホステスの件を許可しました。万次郎はまた、当時、アメリカの捕鯨船《ほげいせん》が日本の近海を荒し廻るのを知って、日本にも海軍を創設しなければいけないと江川公に進言したり、農兵装備、反射炉建設等、国防計画の実行を片腕となって推進させた立役者《たてやくしゃ》でもあったのです。

江川公は老中に「お吉をハリスの求めに応じてさし出すことにしたが、彼女は船頭相手の遊女《ゆうじょ》で大和撫子《やまとなでしこ》ではないから安心してほしい」と、揉《も》み手の上申《じょうしん》、そこで喜んだ下田奉行は奥座敷にお吉とお福を呼びました。お吉は奉行の顔を少しも悪びれずに正視《せいし》していましたが、お福はお吉の陰にかくれるようにして震えていました。お福はヒュースケンとの交わりがばれて、きついお叱《しか》りと罪を受けるものと早合点《はやがてん》したのでしょう。

ところが、案に相違して、武士の娘という立場で支度金をお吉には二十五両、お福には二十両、年俸としてお吉には百二十両、お福には九十両を与えること、送る駕籠はお吉には奉行所の山下節左衛門使用のもの（お吉菩提寺宝福寺所蔵）、お福には七軒町の医者土屋某使用のものまで用意し「追って、奉行所より沙汰《さた》あるまで、あらかじめふくみおき、この旨《むね》ありがたく受けるよう」との達《たっ》し。

喜んだのはお福でしたが、お吉は何と言っても承知しません。奉行は普通なら、お上《かみ》の命に反逆する者として簡単に罰することができるのですが、それでは話が元も子もありません。そこで「よく考えておくように」とその場は二人を一応帰宅させ支配組頭《くみがしら》の伊佐新次郎に一任、そこでお吉説得となったわけです。

三章　非情の海

伊佐は安直楼を出て、女将から、お吉が髪結《かみゆ》いをやっていたという柿崎村へ人力車《じんりきしゃ》を走らせました。下田橋を渡り、武ケ浜の松林を右に見て、門戸ケ浜《まどがはま》にさしかかりました。この道は幾度か、お吉が駕籠でハリスの館に通った所であり、また、折《おり》にふれては駕籠を止め、時代の大きな波にもてあそばれ、利用される自己のみじめな運命を思い、信じ切っていた男に裏切られながら、なおも断ち切れぬ恩愛の深い情けに涙した浜辺でもありました。

お吉には幼馴染《おさななじ》みの鶴松という船大工《ふなだいく》がおりました。お吉の父親は坂下町の市兵衛というやはり船大工、同じ職場に鶴松は働いていたのでお吉をよく知っていました。下田を襲《おそ》った安政元年の大地震に次ぐ大津波で、町がひと呑《の》みされた時、下田の山の手に避難した二人はそこで固く結ばれました。鶴松は流木《りゅうぼく》を使って、独りぼっちになったお吉のために一軒家を建ててくれ、何くれとなく面倒をみてくれた仲でした。

震源地は伊豆沖であったため、最初、町は大ゆれにゆれて家は土蔵《どぞう》や石造り以外ほとんど倒壊しました。すると、海の水は湾の半ばまでひあがってしまい、あわび、さざえといった貝類や、岩穴にもぐっていたたこ、逃げ遅れた魚など、浅瀬になった深海の宝がすっかり陽に曝《さら》されてしまいました。そこで阿鼻叫喚地獄《あびきょうかんじごく》から、一旦《いったん》われに返った町の人達の中には、転がっている手桶《ておけ》や袋を手に、ひあがったかつての海に出てそれらの宝を採りにでかけた人達もたくさんあったと聞いています。が、やがて間もなく、連なる海の青い山脈が地上に殺到《さっとう》してきました。人を呑《の》み、家を咥《くわ》えて、山の麓《ふもと》に白い牙《きば》を立てていた波が、やがて海に陰惨《いんさん》な凱歌《がいか》をあげて引きあげた後は、山に難をのがれて茫然《ぼうぜん》と立ちつくす人々、黒い泥田になった街だけが微《かす》かな水の流れる音を響《ひび》かせて静まりかえっていました。

山の麓《ふもと》にあるお吉の菩提寺の宝福寺の本堂の下には、魚がピチピチはねていましたが、屋根や山に避難した人達が降りてきてそれを調理するにも庖丁《ほうちょう》一本ありませんので、こけらをとることもできないため、指を咥《くわ》えて眺めるよりほかにどうしようもなかったし、逃げ遅れた子供は、本堂のそばの公孫樹《いちょう》の大木にあがったものの、波が海に引いたら、自分のよじ登ったところが目の廻るほど高かったため、降りられなくなって、泣きわめいているし、現在下田公園になっている城山の松の枝に手拭《てぬぐ》いがひっかかっているすさまじさは何とも言いようのない恐ろしいものであったとのことです。

町が復旧するまで、山に避難した人達はしばらく山の中で原始人のような生活を致しました。もはや礼儀も何もあったものではありません。今まで身を飾っていた宝石をすっかり失ってしまった夜の毒蛇《どくじゃ》の群れから、お吉の身を守ってくれたのも鶴松でありました。その彼が、伊佐の説得にあい、お吉を諦《あきら》めれば侍にとりたててもらえると聞いて、小さい時から憧《あこが》れていた侍《さむらい》への夢に打ち勝てず、お吉に愛想《あいそう》づかしをして、江戸に旅立ってしまったのですから、鶴松もお吉にとっては町に住む平凡な毒蛇の一人だったのかもしれません。というよりも、やはり、その頃はお吉への愛情が、毒蛇となる可能性をしっかり食いとめ、彼を聖者と同居させていたのではないかと思われます。

この津波のため、下田は通商条約で開港としては不適当であるとして後ほど閉鎖されることになりました。鶴松は江戸に出て妻を持ち、明治になるまで造船係の武士として暮らしていたようです。鶴松の変心を知ったお吉はハリスの館に行った夜、愛人への反抗から、身ぶるいするほど嫌いな異人《いじん》に心から仕えるよう自分で自分を鞭《むち》打ちました。

交歓

ヒュースケンのように喜びの感情をあらわにしないハリスにお吉はかえって親しさを覚え、彼の不可解な心を覗きたい衝動を感じたものの如く、例の奔放《ほんぽう》な性格から、突然、彼の首に抱きついて、鬚《ひげ》だらけの顔に頬《ほお》ずりし「あなたは、こうするために日本に来たか」と聞きました。驚いて思わず抱いたハリスの腕の中で床に降り立ったお吉は「それとも、こうするために来たか」と左右の人差し指を刃《やいば》にして交互に打ちあわせて見せました。つまり、平和の使者として来日したのか、戦争のために来日したのかという体当たりの質問をしたのです。ハリスが何のために下田へ来たのか、今日としては嘘のようですけれど、実は当時幕府もまた、その真意をつかみかねていたのです。ハリスはその時初めてにっこり笑い、お吉を優しく抱きあげるようにして、彼女のしたように頬ずりして、「こうするためです」と言いました。そばにいた男の給仕《きゅうじ》はお吉の大胆なしぐさを見て目を丸くして驚き、こそこそと戸を閉め、給仕部屋に立ち去ってしまいました。

ハリスは正規の学校教育は受けていないで、子供の時は叔母の手ほどきを受け、後には独学で現在の地位を得ただけに、社会の辛酸《しんさん》をなめ、それだけに世情《せじょう》には通じ、人の心の奥底をも見通す力を持っていたのでしょう。ですから彼が晩年、教育の機会均等に力をつくしたというのも、そうした自分の苦労を、二度と貧しい子供達に与えたくなかったからでしょう。その夜、ハリスは彼女とテーブルを囲んで、彼女に欧州やアメリカと日本とが政治の面でどんなに違うか、例えば、英国の司法も行政も立法もすべて議会とともに動き、議会が統治権《とうちけん》を持っている。同じようにアメリカは民衆がその力を持っている。だが日本はすべて天皇が絶対の権力を持っている。幕府も天皇の裁可《さいか》がなく、勅許《ちょっきょ》を待たずして行なえば、国賊《こくぞく》とされてしまうといったことや、ちょうどその日は五月だったので、ハリスはお吉に農村の労働の祭のお話などしてくれました。お吉は五月祭などの異国の行事を聞いて、自分もアメリカの学生達とメイポールをリボンや花で飾り、そのぐるりで輪になって踊ったらどんなに楽しいだろうと思ったことでしょう。

ハリスは「あなたは美しいから、きっとその日には、ホーソーンの花で飾られるメイクイーンに選ばれるでしょう」などと彼女を喜ばせたりしました。ハリスはお吉が来てからとても朗《ほが》らかになり、雄弁《ゆうべん》になり、言葉がもどかしく、不十分の時は、愛する心を行ないで補ったのです。領事館の中の空気も、お吉が来てから五月の花園のように明るくなった――と男の洗濯係も召使いも喜び、お吉にはまるで優しい女主人に仕えるように仕えましたし、お吉もまた彼等に親切にいたしました。

ところで、その夜、つまり、最初にハリスの館へ送られた夜、お吉はまだ見たこともないギヤマンの酒瓶《さかびん》から血のような赤いお酒を、これも赤い金縁《きんぶち》のカップになみなみと注いですすめられ恐ろしくなりました。絵草紙《えぞうし》などで見たお伽噺《とぎばなし》に出てくる鬼を連想したり、赤い酒が人間の血に見えたり、一刻、血管の血が凍るような思いがし、ハリスをおぞましく感じ、逃げ出して、柿崎の海に身を投げてしまおうかとさえ委縮《いしゅく》する心をどうすることもできなかったそうです。

でも、勧《すす》められるままに、思い切って鼻をつまむ思いで息を止め、一気にぐっと飲みほしました。お吉は向井将監のお妾《めかけ》だったおせんに大切に育てられ、その器量《きりょう》が買われて、十四で芸者になり、十七歳のその日まで酒席の宴に出て、酒は好きでしただけに、強い芳香《ほうこう》を持ったラム酒を飲んだ時、すべての生臭《なまぐさ》い匂いが一気に消され、焼けるような強い刺戟《しげき》がふくよかな芳香をともなって見えぬ蛇のように喉《のど》を通ってゆく快感に、今までの垣《かきね》は春の陽光に照らされてとける雪のように消え、次から次へと、アメリカの様子など積極的に聞きただし、ついには根掘り葉掘り納得がいくまで問いただしました。それは、何事もいい加減に済ましたりすることのできないお吉の性格がそうさせたのでしょう。

余談《よだん》ながら、第二次大戦で日本が敗北してから、ハリスの晩年の社会教育上の功を買って、ハリスは酒も女も知らぬ木石《ぼくせき》のような人格者だとして、お吉との濡れ場を演劇や映画でカットしてしまう一部の人が絶えません。

領事館でハリスとお吉が酌み交わしたといわれる赤いギヤマンのグラス

戦争中は、「幕府はお吉の愛人鶴松を武士にすると釣っておいて、お吉をあきらめさせ、これを殺した」という古老《ころう》の伝説がカットされたりしたこともありました。お吉のお話自体まで、軍部は「国辱《こくじょく》」と勘違いし、これの上演を禁止しようとしたこともありました。

また、新渡戸稲造博士のような敬《けい》

虔《けん》なクリスチャンは、大真面目《おおまじめ》にお吉抹殺論《まっさつろん》側に立って、下田に来、お吉自体が「金色夜叉《こんじきやしゃ》」のような創作的人物ではなく、れっきとした実在の人物であることを、菩提寺宝福寺の過去帳で知り、かつその頃、まだお吉をよく知っていた町の古老達からのお吉の話で、いずれも符合《ふごう》したようにすっかり誰もが同じ「愛妾生活《あいしょうせいかつ》」をしていた話をするのを聞いて、単なる伝説ではなく実話であることを深く認識しました。

そこで今まで、お吉を軽蔑《けいべつ》していた自らの非を潔《いさぎよ》く悔い改め、犠牲者であったお吉の霊を慰めるために、自殺した現場とおぼしい地点に、お吉地蔵を祀《まつ》り、祠堂《しどう》を建ててねんごろに供養して行かれたものでした。博士の人格が躍如《やくじょ》としています。是《ぜ》を非《ひ》としていた自らを改めるのには、人間としての偉大な勇気がなければできないことです。それはやはり、宗教的信念に裏づけられた深い愛情が、おのずから、そうさせたのでしょう。

敗戦後社会がどうやら落ち着いてきました頃、再び、お吉抹殺《まっさつ》論を唱える人達も二、三出るようになり、それかあらぬか、映画の上でも、その夜、お吉が着物を脱ぎ、帯を解いて、ハリスに沈黙の野獣のようにからみついていくと、いかにもけがらわしいように、お吉を突きとばし、「神よ、彼女を許し給え、彼女は今、自分が何をしようとしているのか知らないのです」と、十字架の像に折る……という場面にして公開し、大変な不評を買いました。

ある日、ハリスの室に奉行所の侍達が通された時、ちょうど彼は、床の間に掲《かか》げてあったキリストの絵像に幕を引くのを忘れていました。彼は慌《あわ》てて幕を引き、像をかくしたのですが、それを目ざとく見た侍が「その絵は何の絵ですか」と聞きました。

「ああ、これですか。これは、私の妻の絵です。さあ、ここへおかけください」と言って、顔色を整えて応待したくらい人間も洗練《せんれん》されていた人なのです。

詩でも「君の神を口にしてはいけない」と喝破《かっぱ》した文豪《ぶんごう》があります。世なれた人は、つまり達人は、自分の心の奥底を、バナナを叩《たた》き売るように並べたてるものではないのです。公《おおやけ》のものになる滞在日記に、お吉のことを、お吉への恋のほむらをめんめんと書き綴《つづ》るような軽薄士《けいはくし》が、なんで一国の全権として他国との重要な会議に派遣されましょう。数歩譲って書いたとしても、その子孫が、そのままにしておくでしょうか。切支丹禁制《きりしたんきんせい》の歴史も、まだ鮮やかに残っている日本の、しかも、彼の日記に言わせれば「未開の土地」に来て、「神よ、彼女を許したまえ……」など、イエスを真似た宣教師の台詞《せりふ》を、女の前でしゃあしゃあと申し述べるだけで、まず政治家としても、商人としても落第です。

例えばアメリカのミズーリ州セントルイスに生まれたイギリスの詩人であり、評論家として、二十世紀前半の文学界を代表するトーマス・スターンズ・エリオットは、その作品の上で円熟するに従い、宗教的秩序の観念はその底流に沈み、宗教的色彩は単にぼかされる。そして一見対照しあう反対のものを並置《へいち》した形の上で、日常生活の事象の上にそれをほのめかし、支えるという技術を縦横《じゅうおう》に駆使《くし》しているのです。

狭《せま》い殻《から》に閉じこもって、ひとりよがりになっている詩を、それによって民衆のものにしようとする彼の努力と同じものが、それはぐっと飛躍《ひやく》して、その頃の鎖国日本を世界へ開放しようとしたハリスの胸中にも渦巻《うずま》いていたのではないかと思われます。独学で一生を終えた彼のねばり強い探求心で、彼は日本へ来るまで、ヒュースケンから日本語をよく学び、学問のない日本人よりも彼は日本と日本語を不得手《ふえて》ながらも理解していました。ちょうど、現代の日本のインテリや学者が、会話には苦しみながら、英米文学や言葉を、その国の相当教育をうけた人達よりも多く知り、英米の事情に詳《くわ》しいのによく似ています。

四章　野蛮人

　ハリスは下田に上陸してから馬で散歩しました。通りかかる農夫や漁夫は彼を見ると、もの珍しそうに立ちどまり微笑します。挨拶すると、快い挨拶を返すし、道を聞くと、誰も彼も親切に道を教えます。彼は下田の武士だけが、どうして自分に悪意をいだくのか解《げ》しかねたようです。しかし、民衆が彼に好意的だったのは何も、彼を信用していたからではなく、むしろ「怖《こわ》もて」だったのです。「ブルのような肩」を持ったギリシャ鼻のずんぐり男、真っ白く伸ばした銀髪《ぎんぱつ》とするどい目、それだけでも、お伽噺に出てくる魔法使いの悪役というところ。

　彼は下田へ来る前にボルネオ、マラヤ、シャム、支那《しな》などの港、港にたち寄っており、酒好きな彼は酒と同じ程度に女を愛しましたが、彼を快い陶酔《とうすい》に誘うものは強い火酒《かしゅ》であり、すべて身を任《まか》せる女ではありませんでした。日本の女達もまた彼の日記にあるように、「日本の子供達より美しくはなかった」のでありました。ミス・ユニバースの美しさも、真実心の底から愛しあう心の交流がなければ古道具屋の店頭に並んでいる人形や美人画とまったく同じであって、むしろ、無心に微笑み、後をついてくる日本やボルネオの少年の方がはるかに美しく感ずるのは当然です。

ということはハリスが短気で、夢魔《むま》に襲《おそ》われる半ばアルコール患者に近い醜男《ぶおとこ》、一人の女性さえ酒ほどに愛することのできなかった心貧しい男、世界で最も不幸な人間であったことを裏書きしているようなものだと申しても言い過ぎではなさそうです。

彼は美青年のヒュースケンが酒よりも女を愛し、どこの港でも女という女が、ヒュースケンには生き生きとした新鮮な魂を持った人間としてぶつかってくることに、一種の羨望《せんぼう》と憎悪《ぞうお》さえ覚えるのでした。ヒュースケンが自分のもとにお吉を世話したのも、お吉の妹芸者お福に懸想《けそう》をし、ここで起居《ききょ》をともにするためであるということはよくわかっていました。といって、それを断ることは異国に住む郷愁《きょうしゅう》を同じくするハリスには、若い通訳の心を踏みにじるような残酷な仕打ちに思えるし、お吉を通じて、間接に自分達の真意を伝えて、外交の交渉をなめらかに進めることができると考えたのでしょう。

『町会所御用日記』にあるように「官吏《かんり》にお話の上、吉、引渡し候」ですから、ハリスは誰がお吉を送ってよこしたか、何のために……といったことはわかりきっていたでしょうし、ハリスが居丈高《いたけだか》に、「この館を出て行くように」などと、お吉をまるで悪魔の使者であるかの如く振る舞うなどといったことは考えられません。もっともヒュースケンがお吉をハリスの室に案内した時、ヒュースケンや男の召使い達の手まえ、お吉に対してハリスが冷淡であるかの如く装《よそお》ったことは考えられます。

貧困と逆境の中で成功した彼は、「女」を心の中で軽蔑していた「野蛮人」であったとみるアメリカの作家もいます。その彼が、お吉という教養のある、しかも美しい日本の女性に慰められ、たしなめられ、導かれて、尊い人間性にめざめていく過程をえがいたアメリカでのベストセラー作品を寄贈され、興味深く読んだこともありました。そこでは、下田の人達が、ハリスを野蛮人《やばんじん》と呼んだのは、ただ異人さんを軽蔑《けいべつ》する心からではなく、まったくハリスが野蛮人だったからだとしてとり扱われているのですね。私にはむしろ、野蛮人というよりはアル中患者で、夜と昼とは人間ががらりとかわる二重人格の持ち主としか思えませんでした。

敗戦後、お吉抹殺論を唱える人達の中に、ハリスの墓に参ったところ、彼のお墓には誰一人お参りする人もなく、草がぼうぼうであった、と告白して憤《いきどお》っている人がありましたが、やはり、それだけの理由があったからでしょう。もっとも、米総領事、それも、たかが日本という片州《へんしゅう》に駐在する領事や公使など、大統領に比べたらものの数でもないでしょうし、教育界に貢献したと申しても、アメリカ合衆国という豊かなそして、大きな大陸で、斯界《しかい》に貢献《こうけん》した政治家や教育家や宗教家は計算機で計算するくらいあるので、問題にもされないのは当然すぎるくらいではないでしょうか。

問題は、そんなことより、そうした異人のために犠牲となり、惨敗し、踏みにじられた日本の女性「唐人お吉」が、幕末の暗黒政治に踏みにじられた庶民を何かまざまざと象徴していることで、そのことが、いつも私の胸を熱くするのです。それは、政治では平等に人間の求める自由というものは決して得られるものではなくて、やはり、人間の本質的欲求を満たす知恵が、一人一人の人格の上に、平等に実現せられる宗教的不変の愛情以外に、お吉という民衆の救われる道はないのだとつくづく考えさせられるからです。そして幕末という暗黒時代は、平和な世界政府が実現するまでは、いつ果てるともなく続くというのが、世界の現状ではないでしょうか。

領事館で働いている召使いやヒュースケンの手まえ、ハリスが初対面の時自分を無視するように冷淡に振る舞った時、お吉はハリスという人が下田の町の平凡な人間と同じく、人の評判を気にして、一人の人間の立場とか感情など思ってもみないで振る舞える身勝手な人だと初めは思ったようです。だから室に二人だけで話しあえる時が来た時、お吉は平気でハリスに体当たりの質問をしたのでしょう。

夜になってアル中患者に近いハリスと強い酒を酌み交わしているうち、ハリスの疑い深い目の中に自分を軽蔑している一方、伽羅《きゃら》の香りをたきしめた着物に包まれている自分の肉体への慾情をすばやくみてとり、彼の手をのがれたお吉は、ハリスに唄を歌いながら踊りを見せたりしたのですが、そんなことが三日も四日も続いたために、短気なハリスはお吉を憎むあまり、奉行を呼んで「腿《もも》に吹き出ものができているから、帰って治してくるように」と、一時お吉を下田へ帰したものと考えます。

後年抹殺論者は、玉泉寺の住持が昭和八年に町の役場から発見したと宣伝したこの記録を

「それみたことか」とばかりとりあげて、お吉が領事館通いをしたのは僅《わず》かの間だとハリスとの交情を否定し、ハリスを仙人《せんにん》扱いにしたことがあります。交情《こうじょう》しようともしないのに、「腿」にどうして吹き出もののあることがわかったというのでしょう。

とにかく、奉行はそれを聞いて、お吉が伊佐の殿や自分のいうことを聞き、ハリスを慰めたのだと安心したのですが、領事館に勤《つと》めている下男《げなん》や下女《げじょ》の噂では、ハリスの乱酔《らんすい》は前よりもひどくなり、江戸の将軍に直談判《じかだんぱん》しかねない勢いであると知って、狼狽《ろうばい》、早く腫《は》れものを治して、彼を快く下田にとどめておいてくれるよう、お吉にお願いするありさまでした。

ハリスもまた、日記に「私の病気は悲しむべき状態にある」と連日連夜人にも会わず果てしなく酒を飲んでいたようです。もとより、腫れものはなかったかもしれませんが役人に「この通り腫れものなどありません」などと開いて腿を見せるわけにも参りませんし、「私がどうしても、ハリスの言うことは聞けなかったため出されました」とも言えません。言うことを聞くという約束でしたし、そのための支度金も、年俸も、親類の人達がすでに受けとってしまっているので、そのために、おかみを欺《あざむ》いたことになるのはわかりきっています。

ハリスは、お吉も、自分の権力ではどうにもならぬことを知って、その腹いせにそうしたのだという秘密は、その時のお吉と、後年お吉の親友がお吉自身から聞かされて初めて知ったくらいのもので、誰も彼もお吉が腫れもののために帰されたと信じ、噂したのでしょう。

お吉は帰されてさっぱりし、さぞ肩の荷がおりた思いだったことでしょう。そこで、思うは幼馴染みの愛人、鶴松のことでした。しかし、聞けば、彼は侍に付き添われてすでに江戸に出立したとのこと、自分への言づてひとつ残していなかったのです。領事館へ行く直前に、鶴松から言われたあいそづかしを、愚かにもお吉は忘れ、孤独の時は胸の奥で鶴松の幻を追っている自分が哀れで、われながら情けながっておりました。女ごころの、ひとすじの執念とでも申しましょうか。いずれにせよ血縁の母親きわも、姉もとの夫惣四郎も、腫《は》れものに効く薬を持ち寄っては治そうと心配してくれました。

お吉は人々にお礼を言い、知らん顔をして薬を受けていましたが、二、三日すると、「治ったから、コン四郎（ハリス）さんのところへ行ってくるよ」と六つどき、親友のおえいさんの家の前に、駕籠をとめて朗らかに言いました。最近まで生きていた、おえいの娘おまんが、その時を思いおこして言いました。「お吉さんは、まったく惚《ほ》れ惚《ぼ》れするような美人だったねえ」「腫れもの」は、お吉にとってはまさに「鶴松」だったのでしょう。しかし後年、この腫れもの事件がわざわいし、ハリスの病毒《びょうどく》をお吉がうつされて脳梅毒になったと思われ、ひどくきらわれる結果となったのでした。きわも惣四郎も領事館再出仕を願い出ましたところ、奉行は「ハリスは病中だからその儀には及ばぬ」とのこと。それを聞いたお吉は、「病気ではさぞ不便なこと、元気な時はいやなのを承知で私に行けと言い、病気になると行くなと言う」と奉行の勝手を憤り、逆に自分から領事館へ出仕したのでした。

ハリスは、お吉を再び迎え、別人のように喜びました。彼女は、鶴松との心の痛手《いたで》を忘れるために、三味《しゃみ》を弾き、唄を歌ったのですが、それを惚れ惚れと聴くハリスの目にはすでに軽蔑の思いはなく、親しみと敬《うやま》いの心が溢《あふ》れていました。例によって、二人は酒を酌み交わして深更《しんこう》を迎えたのですが、夜のベッドにはいる時、ハリスはお吉を抱いて運び、彼はガウンをぬいで素っ裸になり、お吉の絹の着物を剝《は》ぎとって全裸にして愛撫したそうです。そういう閨房《けいぼう》での習慣は、生活様式を異にする彼にとっては、極《きわ》めてあたりまえのことだったでしょうが、お吉にとっては、まさに驚天動地《きょうてんどうち》の新しい経験だったらしく、「あんなはずかしい思いをしたことはなかった」と申しております。否、それは、そうしたこと、つまり、情を交えること自体が彼女にとっては未経験であったために、「腿に腫れものができている」と公表された時以上の屈辱《くつじょく》を感じたのではないかと思われます。

愛情のない人間に、自分の操《みさお》を捧げることは、清純な処女にとっては耐えられぬことだったでしょう。それで、いよいよ、鶴松という心のしこりを忘れようとし、「お国のため」という大義名分と心中することにお吉は懸命でした。しかし、館を一歩出ると、「唐人」と嘲笑する町の人達を目の前に見るにつけ、「私だけが、何の因果《いんが》で、こんなでくの坊のために、身も心も犠牲にしなければならないというのだ」という絶望におちこむのをどうすることもできず、ひとりで、柿崎の海岸に立って、そっと身の不運を嘆き涙を袖で拭《ぬぐ》う日が多かったのです。

そんな時、領事館に働いていた中国人の青年が、片言《かたこと》まじりの日本語で、お吉に親しく話しかけてきたりしました。青年としては、ハリスのために、一生懸命お吉が仕えてくれるおかげで、ハリスの癇癪《かんしゃく》も治り、館内も明るくなったし、町の人達との物々交換も楽にでき、すっかり不便も感じなくなったし、……それに、何と言っても、美しい異国の女性と話しあうことは、青年の楽しい夢の一つでもあったからでしょう。でも確かに、ハリスは、お吉との関係が深くなるにつれ、嫉妬《しっと》深くなったことも考えられます。そうしたことにつき、アメリカの某作家も、

「ある早朝、お吉が盥《たらい》にお湯を少年にくんで貰《もら》って行水をしていた時、少年がお吉に何事か囁《ささや》いたのである。今は自分の妻となっているお吉に馴れ馴れしく話したのである。少年は腰をかがめて下を見、盥の湯けむりを吸わんばかりにしていた。お吉はお湯を胸にかけながら笑って話している。少年は釜《かま》を下においた。お吉はハリスが見てはいないかと寝台の幕をすかし見るようにしていたが、太陽が幕に当たっていて外からは見えなかったので、まだ彼は寝ていると思った。ところが、ハリスは起きており、幕の内側からその様子を見ていた。少年は片手でハリスのいる幕を指さし、片手の親指を自分の口にあてたまま立った。その時、ハリスは怒って、幕を払って、全裸で飛びだし、真っ赤な顔をして、いきなり少年を部屋から叩《たた》き飛ばした。お吉は悲鳴をあげる。少年は竹の本箱の角に額をぶっつけて血だらけになる。ハリスはなおも、少年に蹴《け》る撲《なぐ》るの乱暴をする。お吉は少年をかばい、ハリスの足に縋《すが》りついてこれをとめる……」

といった嫉妬心の強い面を紹介していました。幾分《いくぶん》脚色もあるでしょうが、行動にあらわさ

なくとも、心の中では、自分の妻となった女性が、ほかの人と親しく話をしたりすれば目をそらすことはできなかったでしょう。まして、自分が五十二歳であり、相手が十七歳の処女となれば、男は自分の健康のことを考えたり、ほんとうに自分を愛してはいないのではないかと案じたり、満足させることはできなかったのではないかと自信をなくしたりすることも考えられます。その上、自分よりもはるかに若い少年と、彼女が親しげに笑って話したり、「声を出して笑ったりすると、コン四郎（ハリス）が目をさますから静かに」と言っているかのような、少年のゼスチュアを見たのでは腹を立て、理性を失うということもありうることです。

ところでその少年というのが、おそらくその中国人の青年ではないかと思うのです。また、そうした乱暴は直接その青年にしなかった代わりに、夜お吉を責めてはつらくあたったりしたのではないでしょうか。

ハリスはイギリスやフランスが清国を武力で脅《おびや》かしては清国との貿易を自国に有利に導いていたのをよく知っていたので、下田奉行井上信濃守清直、中村出羽守時万等に、「かねてお断り申置候通り、戦争に及び勝敗を一時に相決し申すべく、日本において条約を破候につき、戦争に及候上は無名の兵端を開き候にはこれなく、当方勝利十分の儀に在之候」と脅迫状《きょうはくじょう》を送り、場合によっては早期に武力を行使《こうし》して日本を占領し、日本をアメリカ発展のための基地にしようと思っていたのでした。それで服装も官服に金筋のはいったズボン、腰にはサーベル、金箔《きんぱく》をあつく施したキャップを冠《かぶ》るといったいでたちで奉行に接しました。

下田の侍達はまず上陸を阻《はば》む態度を示したが、ハリスは上陸を強行しました。そして領事館に落ち着けば次には将軍に謁見するための上京を拒むといったことから、威嚇的《いかくてき》態度に出たわけで、それがかえって、とんだ効を奏してお吉が自分のそばづめとなったのです。ハリス自身、馬で館外に出て町や村の人達に接してみて、自分達一行に悪意を持っているのは多くの侍であり、人々は好意を持っていると感じていました。

しかし、お吉と親しくして、お吉の口から、悪意を持っているのはむしろ攘夷党《じょういとう》の浪人であること、また彼らは、早期にアメリカと戦えば、それだけ早く幕府直属なり、各藩のおかかえの武士にとりたてられて貧しい不安な生活から解放されるばかりか、武士として華々しい最後を飾ることもできると考えていることなどを聞いて、ただ自分達が異人であるからという理由で嫌ったり憎んでいるのではないことを知って、今はむしろ、彼らに同情し、国境を超えた親近感を感ずるようになっていきました。

ですから、馬で下田への街道を歩いている時、危険な顔をした浪人にあったりすると、彼らの思惑《おもわく》にはお構いなく、ハリスは馬上から浪人に握手を求めたりするようになりました。浪人とても個人的には何ら悪意は持っていないからでしょう。差し出された手を浪人は武骨《ぶこつ》に握りますが、中には、放そうとしないので、ハリスも背筋に脂汗《あぶらあせ》を流したりしました。でもそれは浪人達が握手の礼法《れいほう》を知らないからだろうとお吉から聞いてハリスはお吉と笑いあったものです。

サイダー罎《びん》など、ちょうどフットボールの形をしていましたので、ある時、侍に与えたところ、侍達は警戒ばかりして開けようとはせず、罎を中心にして輪を作り、中の一人がこわごわ刀の切先《きっさき》で口を開けたところ、パッとサイダーがとび出したため、みんな輪になったまま、驚いてひっくりかえり腰を抜かすといった情けない風景も見られたものです。

そうした浪人達は水戸の浪士達が主で、なかには妻や子を伴った人達もあり、下田の安宿に住みこんで町の中を徘徊《はいかい》していました。彼らは寺の境内地に来て、人々を集め、剣舞《けんぶ》や剣の曲《きょく》芸《げい》をやって見せては、町の人々から鳥目《ちょうもく》を得、終わると、寺に来て米を請求しました。なかには寺々を廻り、玄関に立っては、たたきに女の下駄があるかないかを確かめる者もありました。あると、玄関に立ち、「お宅は何宗じゃの？」と聞きます。「はい、何々宗です」と言って、それが浄土真宗でないと、

「どうして、ここに女子の履物《はきもの》があるのじゃ。女人禁制《にょにんきんせい》の法度《はっと》を破るとは怪《あや》しからぬ」と居直るのでした。

御承知のように、仏家では浄土真宗以外は、肉食妻帯《にくじきさいたい》を許さなかったからです。そして、それは、教行《きょうぎょう》の上からは、今でも許されておりません。が、一般にどこのお寺でも真宗と同じようになっていますのは、明治時代、本願寺の明如上人が天皇に語り、廃仏毀釈《はいぶつきしゃく》の難とともに仏教界のために奔走した結果と聞いております。

人間が人間的生活のままに信によって平等の覚《さと》りをえ、救われる身となるというのでなけれ

ば、ほんとうの慈悲《じひ》とは言われませんし、そうでない宗教という他力の救いの中での自力的生き方に心酔してしまうと、女性との交情を蔑視《べっし》したり、善心を妨げたり、利己的な生き方に傾く性質を持っている本能はたちまち煩悩《ぼんのう》となって叛逆《はんぎゃく》し、彼はかえってそのとりことなり、偽善や中傷や排他的なことを、あるいはかくれて、あるいは公然と行ない、何らの反省もないという恐ろしい生活になってしまうもので、「かくれて」はとまれ「公然と」の例では真言立川流の誓願房心定の『受法用心集』を見ると、「女犯は真言一宗の肝心、即身成仏の至極なり。若し女犯をへだつる念をなさば成仏の道遠ざかるべし」などと極端に禁じられた性慾から解放されようとしての宣言を公然と行なう者も出るに至ったものでした。また、宗教の名で他国の人々を殺傷《さっしょう》したり、侵略したりした例は数えきれません。間違った信仰ほど恐ろしくもまた厄《やっ》介《かい》なものはありません。

ところで、その禁制の下駄を見つけられたお寺では可哀想にしどろもどろになり、慌《あわ》てて宝福寺の住職のところへ駆けこみました。住職は、ぶっさき羽織《はおり》に刀を一本腰にさし、さっそく浪人に対面しました。浪人は真宗の僧であると知ると、おとなしく引きさがるのでした。境内地で、群集を集めた浪人は、腰にさした刀をさっと引き抜くや否やそれを空高く投げあげます。キラキラ輝いて落ちてくる抜身《ぬきみ》の柄《つか》を握ると、目にも止まらぬ早さで、それを腰の鞘《さや》に納めるのでした。

ハリス暗殺

ある嵐の夜、彼らはハリスの館に乱入しました。「忠臣蔵」の吉良《きら》の邸とは違って、物置のような無住職の草庵《そうあん》ですから、暗殺を決行する肚さえ決まればハリスの首をはねるのは朝めし前ですが、逃げられてはめんどうなことになる、奉行所に駆《か》けこまれてはなおのことと思ったのでしょう。彼らは土足《どそく》で本堂に駆けこみ、二組に分かれると右側にしつらえたヒュースケンの室と、左側にしつらえたハリスの室の板戸を蹴破るように開けました。ヒュースケンはお福と同衾《どうきん》していましたが慌《あわ》ててベッドから裸の上半身を起こし、机の抽出《ひきだ》しに手をかけました。抽出しの中には拳銃がしまってありました。

抜刀《ばっとう》した侍はつかつかと彼のそばに寄ってきて「貴公《きこう》はハリスか」とヒュースケンの青い目を見据《みす》え、刀の峰でヒュースケンの机に延びた右腕を叩くように押さえました。「ノウ、ノウ」と彼はひりひりかわく喉《のど》を破るようにして、自分の名を叫びました。お福は布団を被《かぶ》ったまま動きませんでした。別の一隊はハリスの寝所《しんじょ》を襲《おそ》いました。襲っている間、ヒュースケンの室を襲った五人か六人のうち二人が残って、あとはハリスの室へ合流し、残った二人はヒュースケンを監視していました。

ちょうど、その時、ハリスはお吉とテーブルを囲んでラム酒を傾けていました。抜刀して蹴破るように乱入してきた侍達はテーブルの二人を遠巻きにとり囲みました。ハリスは坐ったまま立とうとしませんでした。握ったグラスの縁《ふち》の金がランプの光でキラキラ輝き、ラム酒がふるえるコップからこぼれているようでした。「お吉さん、頼みます」と低い声でハリスは哀願《あいがん》しました。

侍達は人種も言葉も違う紅毛碧眼《こうもうへきがん》の彼を人間の形をしたけだものだと信じこんで疑っていませんでした。それは形が似ていればいるほど愛情は隣りあわせの憎しみに、尊敬は軽蔑の心となって何の抵抗もなく、むき出しに相手にあらわせる厄介な性質を持っているようです。特にそうした可能性は、海に囲まれた島国のほこり高い人種、階級意識にとらわれた専制の社会に育った人間には根強く、それが戦争となると残虐行為となってあらわれるのでしょう。植物の蒸散作用《じょうさんさよう》と自分の発汗作用《はっかんさよう》とはたいして違わないものと知っただけでも、人間は植物に形をとった宇宙の生命に驚き、これを尊ぶ気持ちが出てまいります。猿の叫び声で猿の心が手にとるようにわかれば、人間は猿を見せものにしてはおけないでしょう。

猿が人間と同じように言語を書き、考え、語るとして、人間がその猿の言語を聞きとることができ、話すことができれば、猿は家族の一員となって生活してそこに人間と猿との区別は事実上なくなるかもしれません。まして、外国人となればなおのこと、浪人達は彼らの言葉を知らず、生活感情はおろか、人間感情さえ感じとることはできませんので、彼らが他藩の人達と刀をまじえる時、大根を切るように相手を斬《き》ることができたのですから、外国人を斬るくらいのことは豚を殺すと同じように考えていたでしょう。

けれど「お吉さん、頼みます」という日本語を聞いた時、浪人達の今までのそうした非道な思いあがりはすっかり出端《でばな》を挫《くじ》かれたようでした。ハリスに日本人と同じ人間の血が流れていることを知った驚きと、自分達の軽はずみな行為に対する人間としての反省が生まれたのでした。

その時、お吉は咄嗟《とっさ》に、浪人達が土足であがってきたことを強い語調で責め、たとい浪々《ろうろう》の身であろうと武士は武士としての誇りを持つべきこと、自分からその誇りを捨て去って何の大《たい》義名分《ぎめいぶん》であるか、何のための徳川さまへの忠義《ちゅうぎ》か、それに、外国の使節が何のために来ているのか知らないで徒《いたずら》に斬り、それが仕官しなくとも立派に生きていける道を開くために、わざわざ来てくれているとしたらどうする気か、たとい斬っても、卑怯《ひきょう》無礼《ぶれい》な斬り方をしたとなれば、後世まで笑いものになるのは浪人達であること、また、自分が奉行にすべてを任《まか》せられてお仕《つか》えしているゆえハリスの身は自分に任せてほしいといったことを、冷静に彼らに話しました。

彼らとて、決して愚かな青年将校ではありませんでしたので、話せばわかり、その夜はお吉の説得にあって、ハリス暗殺を断念し、やがて、彼らは下田を発って江戸に向かったのでありました。もっとも、これがお吉ではなく、男であったら、彼らとて黙って引きあげなかったかもしれません。彼らとて、女を手にかければなお恥《はじ》の上塗《うわぬ》りになると考えおよんだからです。

彼らはハリス一行が上京してからも、その身辺《しんぺん》を狙《ねら》い続けていたのですが、ついに、暗殺を実行できず日を送るうち、御承知のように井伊大老の暗殺を決行したのでありました。

伊佐新次郎はお吉から浪人達のハリス暗殺のことを聞き、表面ではお吉の男気とその労をねぎらったのでしたが、内心は複雑なものがあったでしょう。彼は後年江戸で私塾《しじゅく》を開き、国粋《こくすい》主義《しゅぎ》の右翼青年を育成したりして、尊王討幕論《そんのうとうばくろん》を主張した一人で、山岡鉄舟もその塾生の一人だったと聞いています。

ですから、その時右翼になる可能性を体のどこかにひそめていたわけです。いっそのことここであっさりハリスという蛮人《ばんじん》の使者を斬り、一挙に事を構え、朝廷の権威を守ったとすれば、崩れつつある幕府も面目《めんもく》を一新し、皇室をありがたがっている不遇《ふぐう》の士や、外国の来襲に備えて、大和魂《やまとだましい》を以て文武《ぶんぶ》に精出している水戸藩をはじめ各藩の攘夷論を信奉《しんぽう》する武士達も、アメリカを相手どって一致団結するかもしれぬと計算したのでしたが、もともと彼は朱子学《しゅしがく》という学問を学んでいましたので、水戸藩のようなこうした過激な藤田東湖流の考え方は天地自然の理にそむくと考え直したのかもしれません。その時はまだむしろ本居宣長《もとおりのりなが》が主張したように、ありのままの心やすがたを認めてこれを尊ぶという考え方が強かったからでしょう。なればこそ、一時は国辱《こくじょく》と考えたお吉侍妾のことも、思いきって自分から進んでお吉説得の役を引き受けたのでした。

五章　攘夷と開国のあいだ

伊佐は柿崎の部落を訪ね廻り、お吉が髪結《かみゆ》いを営んでいたという家を探しました。やっとのこと探しあてたのですが、それも無駄でした。その家の主は漁夫で、土間で網《あみ》を繕《ぬ》いながら話してくれました。それによると、お吉には養子の安吉がいたが、その安吉をも養っていけなくなり、安吉を手放して今は下田の浮浪人《ふろうにん》の中にはいり、まったくその後は消息を聞かないとのことでした。

髪結いも一時は流行《はや》りました。町や村の娘達に、彼女は長崎で流行った「唐人まげ」を結ってやりました。それが大変評判で、あたったのでしたが、町や村の大人達は大和撫子《やまとなでしこ》があられもない唐人のまねごとをすると言って、娘達をお吉のもとに結いに行かせなくなり、自然、店は閉業となったとのことでありました。

幕末から明治にかけて、めまぐるしい時代の移り変わり、しかし、思えばそれらの政変は庶民の生活とは無関係な動きであり、一般の庶民は幕府と結んだ特権問屋といった豪商を除いて平凡な生活に明け暮れて、恋を楽しみ、老いを悲しみ、病とたたかい、死にうちかとうとし、あるいは死を忘れようとして逸楽《いつらく》に耽《ふけ》る平和な生活を営んでいたのでした。皇室といい、幕府といい、国学、神道、儒教といい、いずれも、一切のものが、それぞれの支配階級の安全と栄達のための道具として尊ばれてきたもので、それ自身何の価値もないことを一番よく知っていたのは、いわゆる御用的《ごようてき》教養のない一般民衆自体だったのです。

そうした武士道の勝手な動乱の渦《うず》に巻きこまれた敗者お吉は、恋にそむかれ、神に見棄てられ、武士に見放され、攘夷論者に煽動《せんどう》された一部の民衆に石をぶつけられ、勤王派《きんのうは》の者らに利用されて、用が済めば誰一人顧《かえり》みてくれる者もなかったのでありました。

柿崎の浜辺には早春の陽を浴びて、付近の子供達が磯の貝類をとっていました。弁天島《べんてんじま》から飛びこむ少年達の体は黒鯛が銀鱗《ぎんりん》をきらめかせるようにきらきら輝いていました。弁天島の頂上には弁天堂が建っており、夜は付近の青年男女の慰安《いあん》の場所になっていました。勤王の武士吉田松陰が海外に密航をしようとして捕らえられたのもこの島でありました。

青年達は国家的野心もなく、国家からの保障も保護も受けていませんので、もとより国が暗黒であろうと、黎明期《れいめいき》にあろうと、そんなことは一向頓着《とんちゃく》いたしません。今日一日生きるために、明日一日働けるために、今日の日を力いっぱい働く。あとは青春の歓びを性の逸楽の中に求めるまでのこと、彼らの性のはけ口は村の親方衆のように簡単に下田の色街《いろまち》で、というわけにはいきません。いきおい夜這《よば》いという形をとっています。

もっとも今のように政治的権利もはっきりしていないため、政治への関心もありようはずはなく、娯楽としてのスポーツもテレビもない。況《いわ》んや自分の名さえ書けぬといった状態では至《し》極《ごく》あたりまえのことといわねばなりますまい。

地位か名誉か財産か女か。女以外はすべてが八方ふさがり、といったわけです。柿崎に限らずこの辺一帯の漁村は原始共産制で、男も女も部落総出で漁に出て、そのとれ高は平等に配分されていました。だから、どこの家もどんぐりで、これといってきわだった金持ちがいるわけではありません。だから、どこの家でも、年頃になれば娘に好《す》いた男ができることを期待し、嫁にやれば、それだけ食わせなくとも済んで家が楽になると喜んでいる始末。

そのためもあってか、親も娘や息子のふしだらを陰に歓迎しているほどで、思い切って夜這いもできぬ意気地《いくじ》なしの男では、夫になってもろくな働きもできまいとふんでいたからでしょうか。猫の雌も雄と死闘して、負けると体を許します。自分と戦って負けるような雄に種族保存は任せられぬという道理です。

ところで、青年達が青春を楽しんでいる同じ島の洞穴《どうけつ》に松陰が潜《ひそ》んでいたとは何という皮肉でしょう。彼は武士ですから、彼の野心と勇気と頭の働かせ次第で、栄達出世《えいたつしゅっせ》は思いのままです。幕府の勢力を強くする手段として神道の力によって皇室を神様とし、倫理としては儒教を重んじた従来の勤王にはあきたりませんでした。そして一歩進め、挙国一致《きょこくいっち》して皇室を中心に蛮人《ばんじん》である外国の襲撃から日本を守ろうとしました。そのためには封建体制の元締《もとじ》めたる幕府を倒すことも辞さないと思い、まず当面の外敵の実情を学んで、日本を立派に武装しようと決心、下田の金子重輔《かねこじゅうすけ》の協力を得て密航をくわだてたのでした。元締めは天皇一本にしぼろうというわけです。

神奈川条約に従って三月から薪炭や水や食糧を受けられることになったペリー一行が、六隻《せき》の軍艦をひきいて安政二年四月十五日（四月十八日説もある）、下田に入港しました。その翌日の未明、村の青年達も帰ってしまった午前二時、彼は金子重輔の用意してくれた伝馬船《てんません》に同乗し、犬走島付近に碇泊《ていはく》していた米艦に向かって静かに漕《こ》ぎだしたのですが、途中で櫓綱《ろづな》が切れました。金子は咄嗟《とっさ》に自分の褌《ふんどし》をはずして櫓綱にし、二人は無事乗船できましたが艦長の意見としては、いつまで下田に留まっているかわからぬし、その間、密航者をかくまっておくわけにもいかぬ、そのうえ、自分では計《はか》らえぬので旗艦ミシシッピ号へ行くようにとのこと、さらに身体検査をしたところ、吉田にはひぜんができていたので、ともかく、その皮膚病を治してから改めて来ても遅くはないと松陰を説得して、なおも頼みこむ二人を追うようにして伝馬船に戻しました。

二人は直ちにミシシッピ号に漕ぎ着き甲板へ上がりました。二度と伝馬船に乗らない覚悟だったのでしょう。乗ってきた小船を旗艦に繋《つな》がなかったために小船は刀をのせたまま波に漂《ただよ》いながら去ってしまいました。士官がペリー提督に二人の来たことを報告。ペリーは通訳を介《かい》して、彼らが世界を見聞《けんぶん》したがっていることを知り、「二人を本国につれて行きたいが迎えることができないのを残念に思う。二人が政府の許可を受けてくれればアメリカへつれて行くことができる。艦隊はしばらく下田港に滞在する。諸君はその間に十分機会があるのだから許可を求めるがよい」と言いました。

二人は「私達は陸に帰れば首を斬《き》られるのです。どうぞこのまま船においてください。お願いです」と言って、法か、人道か、血や涙があるならば人道心《じんどうしん》にたちかえって、どうか二人の命を助け、願いをかなえてくださいと命がけでお願いしたのですが、ペリーは〝断乎《だんこ》として、しかし親切に〟拒絶し、ついに一艘《いっそう》のボートが降ろされて送り帰されることになりました。

二人は自分達の運命を悲しみながら、悄然《しょうぜん》と舷門《げんもん》を降り陸地に上陸させられたということです。ペリーは幕府に二人の首を斬らぬよう嘆願書《たんがんしょ》を出してくれました。すでに夜は明け放たれていたため、ミシシッピ号から空《むな》しく引き揚げた二人は、簡単に遠見番所の役人に発見され、捕らえられて奉行所に送られたのでありました。あるいは自首したという説もあります。

松陰が捕らえられたと聞いて、蓮台寺温泉で彼が湯治《とうじ》していた農家の主人は、証拠隠滅《しょうこいんめつ》のために、松陰の使っていた机から書類にいたるまで、全部焼却《しょうきゃく》したとのことです。国民一人一人の幸せな生活ということをぬきにして、倒幕や佐幕を口にし、皇室とか朝廷とかを担《かつ》ぎまわっていた当時の指導者には、真実の宗教も文化も倫理もへったくれもあったものではなく、その点、漁村や農村で働く民衆の方が、人間としての幸せをしっかり摑《つか》んで生き死にしていたといえるかもしれません。

伊佐は松陰を平滑《ひらなめ》にあった一畳敷きの石牢に閉じこめさせ、江戸へ運ぶ指令がくるまで彼を看視《かんし》していました。人々は松陰が忠義のために国禁《こっきん》を犯したのだから無罪釈放になると幕府の措置《そち》を期待していましたし、また松陰自身もそのようにたかをくくっていた様子でした。その期待は安政《あんせい》の大獄《たいごく》で、井伊大老が攘夷論者を捕らえて小塚原で処刑するまで続いたのだと考える人もあるようです。

なるほど、彼は一時おとがめを受けて入牢し、その後釈放はされましたが、彼の名は松下村塾を開く前にすでに要注意人物として記録されており、早晩《そうばん》処刑される道を歩いていたのです。全国の諸大名や民衆が朝廷を中心に一致団結して外国を攘《はら》うということは事実上幕府をないがしろにし、大名という封建割拠を否定することになるのですから、処刑は免《まぬが》れなかったわけです。賢《かしこ》い伊佐はそれを見抜いていましたし、それだけに、気負い立って、奉行所の侍達を田舎侍のように見くだす松陰を心中いたく軽蔑しておりました。

夷《い》を攘《はら》えという、その夷に節を屈して学ぶ、そのような学問はたとえ一時軍備を強くするためのものであっても猿真似であって、学問とは言えぬ。学ぶのではなく盗むのだ。夷から盗みとった強兵の術では、再び夷に破られる時がくるとみておりました。それに安政五年六月、お吉からもたらされたハリスの報告によれば、「アロー号事件で清国を破った英仏艦隊が日本に来航し、条約締結を迫る気配があるので自分がその調停に任じ、日本を有利に導きたい」と言ってきた時、伊佐はお吉とともに奉行にはからい、孝明天皇、徳川斉昭をはじめ、幕府の内部や諸侯のほとんどが開港反対の攘夷論者ばかりだけれど、開港をこばむことはかえって国を危うくするので、極力アメリカの実力と英仏露諸国との相違を説き、むしろアメリカに依存《いぞん》した方が日本にとって有利であるゆえんを伝え、円満に通商条約に調印するよう努力したのであります。

日米修好通商条約は安政五年六月十九日、ついに調印されました。それは大老井伊直弼の責任においてということで天皇の勅許《ちょっきょ》をまたないで行なわれたものでした。天皇はもとより攘夷論者ですから、調印を勅許するわけはありません。井伊大老ももちろん、為政者《いせいしゃ》の全部がそうであったように攘夷論者でありました。しかし、調印しなければ幕府はおろか日本全体が侵略されると見たからでした。そして攘夷論者達は天皇をはじめとして公家、下級武士で栄達を窺《うかが》う野心家どもにいたるまで、幕府と諸外国とが戦うことによって幕府の倒れるのを希望しているとにらんだのは当然と言わねばなりますまい。

攘夷論者は皇室と結んで幕府に矢をむけると見た井伊大老は血統の近い徳川家茂を将軍に迎え、攘夷論者の斉昭の子一橋慶喜を抑えたうえ、その一族並びにその煽動の野心家梅田雲浜、頼三樹三郎、橋本左内、吉田松陰等を処刑したのでありました。

ところでお吉は安政四年五月二十一日から安政五年六月十五日まで、ハリスに下田で仕えたわけですから、ちょうど、下田での苦難は一カ年と半月になります。

江戸へ

安政五年六月八日、江戸へ向かうハリス一行は調役菊名、星条旗を守る二人、馬に乗ったハリス、六人の護衛、次に駕籠に乗ったお吉、靴持ち、ヒュースケン、名村常之助、ハリスの寝具、食物、トランク、進物、中国人、伊佐新次郎、下田名主他、計三百五十人。天城路を越えて、湯ケ島の弘道寺に一泊、二日目は湯ケ島から三島に一泊、三島から更に五日後には江戸麻布の善福寺に旅装を解き、日米修好通商条約締結のための準備にはいり、各国の公使館、幕府の高官との往来も激しくなりました。

そして五年六月十九日には将軍謁見となり、ハリスが用意した十四カ条の草案は、将軍に代わって大老井伊が即日調印、たちどころにその締結を見たのでした。井伊の質問にハリスは答えるだけで終わりました。ハリスは雄弁の一句をも漏《も》らすことなく、その必要を説く代わりにむしろ、直弼の英断を讃嘆《さんたん》、将来列国から蒙《こうむ》るであろう危機から、日本を固く護《まも》ることを約束しました。その功によって、ハリスは総領事から公使に昇格したのでありました。

その条約は領事裁判権、低い税率、最恵国条款《さいけいこくじょうかん》等いずれも日本に不利な内容に満ちたものでありましたが、この不平等条約を改正するための努力を明治の人々に要請する一つのはっきりした機縁《きえん》を平和の中に求めて犠牲となったのが井伊大老でありました。明治の政治家は、実力がないため日本がこうした条約を結んだと見て、武力国家建設に邁進《まいしん》したのですが、実力は武力という暴力ではないことにめざめなかったのです。

お吉は下田を出る時、奉行所の駕籠に乗せられ江戸までの旅をいたしました。ハリスとヒュースケンは馬に乗り、領事館員や下男、それを警護する下田奉行所の侍や通辞の列に道辺の人々は改めて驚異の目を注ぎました。湯ケ島の弘道寺に泊まった夜、一人の日本の絵師が訪れ、お吉に面会を求めてきました。武士達は彼を攘夷党の廻《まわ》し者と思ってきびしく詮議《せんぎ》し、お吉への面会を許しませんでした。お吉は捕らえられた絵師に自分から面会し、彼を知人であるかのように装《よそお》って座敷にあげ、彼の要求通り自分の立ち姿を描かせました。そしてその一枚をハリスに与え、自分はいったん受けた自分の絵姿を、見たくもないと言って、その絵師に返して去らしめたとのことです。

その絵師がお吉を描きながら、駿河や遠州地方には「赤心隊」という暴徒《ぼうと》が徒党を組んで倒《とう》幕《ばく》の機《き》をねらっているから十分注意するようにと忠告しました。赤心隊というのは神官を中心にした軍事秘密結社で、名字帯刀《みょうじたいとう》に憧れる血気《けっき》の百姓、商人の青壮年達の集まりでした。一揆の時は、百姓を煽動《せんどう》しておき、その首謀者《しゅぼうしゃ》を幕府に密告し、処刑させたのも同じ彼らでしたが、やはりこれも倒幕近しと見て自らの保全《ほぜん》を図《はか》ったものと思われます。お吉からそれを聞いた伊佐は、警護の武士達に、湯ケ島から江戸への道中は一層警戒を厳重《げんじゅう》にして、いつでも刀を抜けるよう鍔《つば》の袋はとり除いておくよう命じました。

船大工の鶴松にお吉をあきらめさせた最後の殺し文句は、「名字帯刀をさし許す」ということでした。伊佐はお吉を見るにつけ、女の苦しい一生は、むしろ男よりもその根が深いところにあるような気がいたしました。幕府の屋台骨《やたいぼね》がぐらついてくると、永い間主君の恩顧《おんこ》を蒙《こうむ》っていた武士も町人も、新しい時代を口実にして不忠の臣に転身し、わが身の栄達を図《はか》って反逆をもあえてするかと思うと、攘夷の下級武士、勤王の武士達が、やはり「名字帯刀」に憧れてお吉を棄てた鶴松と大同小異《だいどうしょうい》に思われ、思わず苦笑せずにはおれませんでした。

指名手配

下田にも湯ケ島にも、すでに辻々《つじつじ》や商家の塀《へい》に、平野次郎や高杉晋作や、西郷吉之助の「人相覚《にんそうおぼえ》」が張り出されているのを見ました。

平野次郎（国臣）は逆立った眉の下から下三白《したさんぱく》の恐ろしげな、いかにも冷酷な眼、ねばり強さを思わせる高い頬骨《ほおぼね》がせりあがり、とがった小さな顎《あご》と短い鼻の下に小さく納まった口はいかにも貪婪《どんらん》に見えました。

高杉晋作は陽あたりの悪い畑に育ったじゃがいもを思わせるように描かれており、これはまた、平野とは対照的に眉は八の字にたれさがり、それにくっついた下った眼尻はいかにもずるくて、しかも愚鈍《ぐどん》なものを感じさせました。

西郷吉之助だけは戯画《ぎが》を思わせぬながら、一文字の太い眉に一文字の口、ただ眼は平野と同じく餌物《えもの》をねらう蛇のようで、一見平野と高杉を一緒にしたいわゆる「曲者《くせもの》」らしく描きあげてありました。そしてその下に「上詞」とあり、各々《おのおの》行をかえて、

長門産風者　高杉晋作

筑前産風者　平野次郎

薩摩産風者　西郷吉之助

次に高く行をかえて、

一、右之輩大曲事有之公儀御手入之為

　隠密捕立方申附候者也

安政四年十己葉月上酉日

として、次の行には紙の上から下いっぱいに高々と「老中刑部大輔少納言従五位下松平阿波守」とあり、筆の花押《かおう》を押してありますが、十一組十一番とあるうち組と番の次に「戸禄豊作」という番所の責任者名、並びに十一、十二の番所名だけが墨《すみ》で、あとは全部木版刷りなのでかえって町人には無言の威圧《いあつ》を与え権威を思わせせました。それだけに、番所役人の墨書きの名は「御役目ご苦労」で、直接の責任はなくしたがって番所役人には、ひっ捕らえたことが間違っていた場合、責任にはならないような錯覚を与えていました。だからこの国では他の野心を持つ者がその政治の暴悪《ぼうあく》を改めるとなれば、ピラミッド型支配の頂上、つまり、最高責任者

を暗殺したり処罰したりすれば、簡単に自分達の野望も達せられたものとみえます。

伊佐は翌日、湯ケ島への道、各所に貼《は》りめぐらされた人相覚の逮捕状の制札《せいさつ》を見た時は、全然そうした考えは思いも浮かばなかったのですが、明治の今となって、来《こ》し方《かた》をふり返った時、その時の制札のことが思い出され、やはり責任は直接それにたずさわった番所役人戸禄豊作にも松平阿波守と同程度にあるのだと思い、お吉の場合にも、奉行と同じく、自分自身にも責任があると、今は極めて自然に感じとることができたのでありました。

原子力時代になっても、原始時代と少しも変わらないのが人間の「知恵」というものでございましょう。「知恵」のない人達は、原始時代に金属の武器を誇ったと同じくらいに、核兵器を持ったり、作り出したことや生産する力を持っていることを誇ろうとします。人類を殺して何の自由、何の平和があるというのでしょう。一般の善良な人間を殺して、何の佐幕、何の勤王。開国も鎖国もあったものではございません。そうしたほんものの「正義」をすでに、お吉は伊佐の巧《たく》みな説得とは別なところで感得《かんとく》していました。ハリスが柿崎の館で病んだ時、ハリスがお吉の寝もやらぬ看護に深い感謝の心を述べた時、感得いたしました。

純愛一路

ハリスがラム酒を飲みすぎ、夜吐血《とけつ》しました。お吉は驚いて柿崎から下田まで走るように夜の道を急ぎました。下駄《げた》の鼻緒《はなお》が切れました。下駄を棄《す》て跣《はだし》になりました。真っ暗なでこぼこ道、何度か躓《つまず》きました。危うく海に落ちこみそうになりながらも、無気味に底光る波とその叫びをたよりに道をたどり、やっとの思いで下田橋に来ました。橋は安政元年の津波で流されてから、修復工事もまだはかどらず、半分までしかできておりませんでした。奉行もハリスの真意がまだわからず、ペリーの強圧的態度を警戒していた時でしたので、いざという時には、橋を破壊しなければ不利であるという考えから、工事も故意に中止していたもようです。

お吉は近所の親しい船頭《せんどう》に頼み、やっと船を出してもらい、お金をたくさんはずみました。初めは船頭も舟を出すのをしぶっていましたが、お吉が胸の財布から出してくれた大枚《たいまい》の金を手にすると、急に元気づき、お吉の手をとって伝馬船に乗せ、力いっぱい漕いで下田の町の岸に着けてくれました。足のさきがひりひり痛みました。

お吉は奉行所へ行こうかと思いましたが、例によって上司上司で仕事がはかどらぬと直感して、河岸近い大工町に住む浅岡杏庵《きょうあん》という漢方医《かんぽうい》の門を叩きました。杏庵はちょうど書見中《しょけんちゅう》でしたので、すぐお吉に会ってくれました。見れば、お吉の足の親指の爪がべっとり血に塗《まみ》れています。生爪《なまづめ》をはがしたのでした。杏庵は最初、お吉が手当てをしてもらいに来たのだと思ったのですが、ハリスが吐血したためであると知ってちょっと考えこんだようでしたが、

「よし、すぐ行く」と言って「その前におまえさんの足だ。どれ、お見せ」

と優しくお吉を促《うなが》し、手当てしようとしました。お吉は頑強《がんきょう》に拒《こば》み、それよりも早く領事館

へ行ってくれるよう杏庵を急がせました。すると、杏庵は、

「余計なことはいうな。わしにとってハリスもおまえも同じ病人だ。病人は医者のいうことをきいてりゃいいんだ」と一喝《いっかつ》しました。お吉は素直に杏庵の手当てを受けながら涙が溢《あふ》れて仕方がありませんでした。

——そうだ、みんな、みんな、誰も彼も病人なのだ。勤王も佐幕も、ハリスもヒュースケンも私もお福も、下田も江戸も、日本もアメリカもイギリスもロシアも、オランダもどこもかしこも、世界中の人間という人間が病気なのだ。

お吉は持って行き場のない憤《いきどお》りをおぼえるのでした。

杏庵は奉行の侍医《じい》でした。奉行にハリスの病気であることを通知するのは手当てを加えてからでよいと思った杏庵は、箱を下男《げなん》に担《かつ》がせて領事館に急ぎました。お吉は奉行所に行ってその旨《むね》を伝えました。奉行は早馬《はやうま》を飛ばし幕府にそのことを記した文箱を届けさせました。

幕府では老中を集め協議、二人の蘭方医《らんぽうい》を下田に派遣《はけん》することに決定、ハリス発病後二週間ほど遅れて二人の医者が下田に着いた時は、ハリスの病気はすっかり治っていました。もしハリスの病気が治らずハリスを死に至《いた》らしめた時は、二人の医者は自決してその責任をとることになっていたとのことです。二人の蘭方医は杏庵に厚くお礼を言いました。すると彼は、

「お礼はお吉さんにいってくだされ。わしの言う通りに、寝もやらず薬を煎《せん》じてくれたりして、いろいろ看護してくれたのはお吉さんじゃよ」と言い、「ハリス殿が元気になられたのも、

禁制の牛乳をお吉さんが馬込や一条あたりにまで買いに出て、飲ませてくれたおかげじゃ。まことに普通の女子にはできぬことよ」とお吉をほめ、その労《ろう》をいたわったということです。

下田から名医を出したことが江戸町奉行の間でも評判となりましたので奉行は鼻高々でした。さっそく、伊賀守から感謝状と五百匹《ぴき》の褒賞《ほうしょう》が、杏庵に与えられました。伊賀守から直接ではなく、奉行の手より「申し渡す」として、「亜米利加官史病気の節治療せしにより、金五百匹伊賀守殿よりの御指図に付申し渡す」とありました。もちろん、お吉へは御苦労の御の字もなかったのでございます。

お吉が牛乳を買い求めに農家を訪れますと、村人達はいずれも、初めは「牛の飲む物を飲む気《き》け？」とあきれ、果ては畜生扱《ちくしょうあつか》いにいたす始末です。でも、お吉は聞いて聞かぬふりをし通し、百姓の最もありがたがる金やアメリカの衣料や調度品、時には自分の簪《かんざし》など惜し気もなく与えました。すると、

「牛は神様の使いといわれてんだぞ。その神様の大切なおみきじゃ。安い値で売る方だって罰があたるぜ」などと、相手が金を持っているとみると、迷信を利用して、しぼれるだけしぼってやろうとかかりました。

「畜生が神様になってるんだ。人間様が浮かばれるわけはないよ」とお吉はお福に笑って話したそうです。こうしたことがやがて公儀《こうぎ》の耳にはいり、お吉は奉行に、禁制を犯したことをひどく叱られました。奉行としては、お吉が、ハリスの病気の時も無断で看護に出仕《しゅっし》したり、直

接奉行所に知らせないで杏庵の所へ行ったり、牛乳の場合も勝手に振る舞って禁制を破ったりしたので、自分の立場を無視されたと思ったのでしょう。それにハリスが病気で亡くなれば、わずらわしい外交交渉も一頓挫《とんざ》して一時的にも解放されたものを、という気持ちがあったのかもしれません。叱られたお吉は「こんな難しいお勤《つと》めはやめさせて頂きます」と奉行を梃摺《てこず》らせました。

ハリスは奉行に、病床の中で、牛乳は牛の子だけが飲むものではなく、どこの国でも人間が飲んでいること。栄養価の高いものであるから、人間が飲めるよう、たくさんの牝牛を飼育し、肉をも食べるようにと酪農の必要を話して聞かせました。が、奉行は始終渋《しぶ》い顔をして聞いていたそうです。牛は農耕以外食用などとは考えられなかったのでしょう。稲作の春の祈願、収穫の秋の感謝祭での氏神《うじがみ》の祭り、神秘で畏《かしこ》いわれらの神のために日夜尽くしてくれる、神の使者、その尊い使者である牛を殺して食うとは何という見下げ果てた野蛮人であろう、というわけです。

それでもそうした事件があってから、間もなく奉行は町会所の手を経て、牛乳調達の資金をお吉に支給するとともに、公然と買いあげることができるようとり計《はか》らったのでありました。その一札が次のように今も残っております。

下田奉行所中村日記（中村は本郷中村という地名ではなく、中村石見守の奉行名か（註））

安政五年ハリス飲用牛乳の件
二月分合計牛乳　九合七勺
此の代金　壱両参分八拾八文
三月十五日　御下金

ハリスは、牛や牛乳に対するそうした迷信は牛不足からくるのだから、たくさんふやせば、迷信もやがては自然消滅すると考えていたらしく、このような生活上での細かい考え方の違いは数えるにいとまがないくらいたくさんあったわけです。

ところでお吉は、村人の反感や武士達の無理解の中で一日二十四時間心の晴れる間もなかったそうです。けれどハリスの心から言う「ありがとう、おきちさん」のひと言を聞くたびに、そうした苦しみも悲しみも悪夢のように消え去り、疲れも忘れ去って働くことができたとのこと。ひと言のお礼の言葉、顔をやわらげての優しい言葉も立派に人間を苦しみから救う不思議な力を持っているのですね。特にお吉のように孤独地獄に泣いていた女性にとって、異国の人の労《いたわ》りの言葉がどんなに力になったかは想像に余るものがあります。事実、玉泉寺では食肉としては牛ではなく「豚」が供されています。

お吉ばかりでなく、女性は愛情一途《いちず》に生き抜いてまいりました。女性が仕事に精出して励むのも、仕事自体のためというよりも、愛人のために、夫のために、あるいは子供のために、そう愛するがゆえに、あるいは愛されるがために、あるいは愛情をしっかりと自分につないでおくために生き抜いてきたのでありました。だから、自分が選んだ仕事ではなくて、愛する人の仕事であれば、たとえ自分の好きなものでなくとも、その仕事を理解しようと努め、習うよりも慣れることに一生の命を懸《か》けたのでありました。

ところがその頃の男達には、そうした女性の真情《しんじょう》をよいことにして、女性よりも仕事自体に、あるいは仕事をうまくしとげることによって、やがて得られると思いこんだ地位に、財産に、名誉に命を懸け、女というものは便利な洗濯や家事の機械か性のはけ口ぐらいに軽く見ている人が多かったものでございます。お吉の真情をよそに鶴松もまたそうした男の一人でありました。それを、伊佐新次郎もまた、わが身に引きつけてつくづく考えさせられたのでありました。それだけに、伊佐は、お吉の悩みが自分達の困難に処する悩みよりもはるかに深かったのだと思わずにはおれなかったのでございます。

関門

三島に出ると、東海道。ここからは江戸と京を結ぶ大路、幕府は寛永十二年（一六三五）参勤交代の制度を設け、薩摩、長門、安芸、土佐の各藩の諸侯をはじめ四十二カ国、百四十六家が往復、各国の大名は蔵屋敷を建てて、米穀そのほかの特産品を輸入して商人に売りましたので、米相場も立ち、金融も不自由することもありませんでしたので、大変にぎわっておりました。が、反面、幕府は安泰《あんたい》を護るために、関所を設けて通行人をきびしく取り締まり、河には橋を架《か》けさせないようにして渡し舟や徒歩で往来させましたので、とんだ不便が生まれ、雲助《くもすけ》や胡麻《ごま》の蠅《はえ》が出て、人々はたいそう難渋《なんじゅう》致しました。

幸いハリス一行は公儀《こうぎ》の役人に護られての旅でしたので、三島からの宿は東海道何駅問屋という旅館ではなく、幕府指定の「本陣」に宿泊いたしました。本陣から本陣への途上、立場《たてば》といわれる休憩所に立ち寄り、一行は駕籠をとめ、荷物をおろし、休みました。ハリス一行は、本陣の総門をはいり、中庭を通って玄関に招き入れられ、玄関脇の事務所に控《ひか》えていた役人に手続きをとり、館員や役人達は下段の間、数室に分宿し、ハリスとお吉は奥の上段の間に室をとりました。

道中往来《どうちゅうおうらい》する人々は、異人を護って江戸へくだる一行を奇異《きい》な眼で送迎《そうげい》しました。が、下田の村人達の眼にある底意地《そこいじ》悪いものはなく、かえって親しみに信頼の情をこめたあたたかいものを感じとれたくらいでした。

伊佐は、狭苦《せまくる》しい伊豆の山奥から解放された思いがいたしました。お吉とて同じ思いであったでしょう。往来する旅人は武士や浪人や僧侶以外、町人は多く商人で、江戸や京大坂に商用のある者や、下りは江戸見物、上りは京見物といった生活に余裕ある人達だったので、外国人への親近感もあったのだろうと思いました。

ペリーが神奈川条約（日米和親条約）を結んでから、自由貿易が盛んとなり、特に生糸《きいと》と茶の生産は二倍にはねあがり、商人や商業と結んだ農家の人達の生活も豊かに向上しました。幕府の統制経済の生き地獄に喘《あえ》いでいた国民にとって、開港は救いの神の到来だったのです。アメリカは日本の貿易によって豊かになろうとするような貧しい国ではなかったので、「日本にイギリスが輸出して得る利益を見積もっても、せいぜい小さな艦隊を維持する費用にもならない」といったイギリスの公使オールコックと同じ考えで、ただ日本と通商を結んで、武力に代わる平和共存の力で東洋に自国の威信と自由を保とうとしたのでしょう。

ただ生産力のないところへ、需給関係の不均衡《ふきんこう》が生じたため、物価が暴騰《ぼうとう》し、百姓や炭焼きを嫌うようになっていきました。武士の生活も低く、幕府に反感を持つ下級武士や浪人は文盲《もんもう》の百姓を煽動し、国学者や神官と結んで倒幕のために暗躍《あんやく》している状態だったのです。伊佐は、徳川の政権が終止符に近づいていることを知っていました。そして内心、異人と日本人とが、自由に物品を持ったり売買したりすることを望みつつも、自分もまた幕命《ばくめい》によって禁じてきました。しかし、それはハリスの言うように、幕府の特権問屋を保護して、日本人一人一人の繁栄と幸福とを犠牲にするものだと思う一面、そのことを利用して、自分達の天下を握ろうとする輩《やから》を心から憎いと思いました。

やがて三島も過ぎ、箱根の関所にかかりました。山の麓《ふもと》の芦ノ湖のほとり、道の両側に三十五間《けん》に七間の空地があり、そこに関所が建っていました。石垣をめぐらした門と門との間が十間ほどあり、門のそばに大きな掟書のある制札が掲《かか》げられていました。そのそばに見返り松が聳《そび》えています。

定

一　関所を出入る輩笠頭巾とらせ通すべき事

一　乗物にて出入る輩戸をひらかせて通すべき事

一　関より外に出ずる女は番所の女を出して相改むべき事

一　手負死人並に不審成者証文なくて不可通事

一　堂上之人並に諸大名之往来兼てより其聞へあるは沙汰に不及若不審之事あるに於ては誰人によらず改むべき事

右条条厳密可相守者也仍執達如件

奉行

一行は手形を本陣から受け、あらかじめ江戸奉行より、異国人ながら大名としての資格で関所を通るよう一札を受けていましたので、ハリスやヒュースケンの乗用した馬の乗り換えなど、助郷《すけごう》といわれた役人の奔走《ほんそう》で不便を感ずることもなく、ほんとうに大名旅行の気安さでしたが、関所の掟《おきて》のうち、第二の項、「一、乗物にて出入る輩戸をひらかせて通すべき事」でトラブルが起きました。

お吉を駕籠に乗せて道中をしていたハリスは、奉行の命令には何としても応じなかったのでした。駕籠の戸をあけてお吉の顔を奉行に見せることは、ハリスにとっては耐えられぬ侮辱《ぶじょく》を受ける思いだったのでしょう。関所の前を通る時、笠《かさ》や頭巾《ずきん》をぬいで顔をさらすことさえ、捕虜《ほりょ》に対する待遇に等しい。自分は合衆国の威信《いしん》を担《にな》って来た使節であるという誇りがあります。通る通さぬの押し問答となり、千人溜《だま》りに列を作って番を待っていた旅人達はそのなりゆきに息をのみ、湖側にいた番頭、横目付、平士、定番、山側にいる足軽達小頭をふくめた十五人、二人の女を調べる「人見女」達は、威たけだかなハリスを憎悪の眼でにらみつけていました。

ハリスは「どうしても駕籠の戸をあけろというなら、国交を拒否するものとして、交渉の努力を打ち切り、本国に帰り、ワシントンに報告、国家としてそれに対応する処置をとる」と主張しました。驚いた伊佐新次郎は奉行に直談《じきだん》し、国交を拒否すれば、ペリーの言明《げんめい》した通り、百隻《せき》の軍艦を以て日本は攻略されるおそれがある。それに、清国を破ったイギリスの軍隊や、フランス等も、自国の保安を名目《めいもく》として、参戦するやもはかられぬ。この際、関所本来の趣旨《しゅし》としては、江戸にはいる諸藩の鉄砲、江戸に住んでいる諸侯の妻子が江戸から遁走《とんそう》しないための取り締まりというたてまえなのだから、外国の使節に対しては外国奉行に責任を任せ、ここは外国使節の奥方として通してほしいと申し入れ、やっとのことで通ることができたといいます。

奉行も駕籠の中の者が別にあやしいものでなく、また、武器や弾薬ではないことを湖側にいた平士の証言によって信じ、小田原城主の許可を得、「爾今、関所を通る時、駕籠の中は改めるに及ばぬ」という一札《いっさつ》を書いて伊佐に持たせたとも聞いています。おそらく、賢いお吉のことですから、平士に駕籠の暖簾をあけて自分の顔を見せ、日本の大名ではなく、異国の大名の奥方としてとり扱ってくれるよう、伊佐の殿様にお話ししたのかもしれません。

かくして、六月十九日締結された通商条約によって、京都はそれを不満とする人々と、それを維持せんとする人々、倒幕派と佐幕派の政争がつづけられたのは御承知の通りです。

六章　京洛へ

お吉は、条約が締結されると、幕府から手切れ金を渡されました。

お吉は、「それでは約束が違います。伊佐の殿さまは私をアメリカへこん四郎さん（ハリスのこと）と一緒に行かせてくれると申していたではありませんか。私はお金欲しさに勤めたのではありません」と渡された金を突っ返しました。役人は渡航条令という規則があるので、外国奉行も許可しなかった旨《むね》を伝え、規則は改めることができないとお吉を説得しました。お吉は泣く泣く規則の金を持たされ、伊佐新次郎に会って、その不明を責めました。伊佐はお吉に謝り、お吉を功労者だとほめたりして、なだめるのに骨を折ったのでした。伊佐新次郎らは下田へ発ちました。

一行の中に松浦武四郎という勤王の武士がおりました。彼はスパイだったのですが、倒幕のためには暴動よりも開港の方が確実であるという立場をとり、伊佐新次郎の支配下に入って、陰に陽に伊佐を助けていたものでした。

お吉が、下田へは二度と行きたくないと申して一行と旅をともにいたしませんので、松浦武四郎はお吉を使って、今度は京洛《きょうらく》に上り、開国運動に利用しようとしました。彼は、今後起こりうる勤王倒幕の政争について語り、お吉に、いよいよお国にほんとうに役立つ時が来たことを話して、彼女の協力を求めました。お吉もまた、ハリスとの間に結ばれた条約が決して日本側に有利なものではないどころか、日本に強力な武装もなく、戦う実力がなかったために、不平等条約を結ばされたものであると信じこみ、せいぜい自分の努力は、日本が砲撃によってずたずたにされないで済んだだけのものであったと思い、この不平等条約を改める実力を日本が養うためには、幕府を倒し、天皇を戴《いただ》き、全日本の階級を超え、国をあげ、うって一丸とした広い人材によって政治が行なわれなければならぬとの確信を強めたのでありました。

松浦武四郎とて、お吉にこうした国事の秘密をうち明けた以上、もしお吉が応じない時はお吉を暗殺する覚悟でいたようです。お吉の決心を聞かされた時は、さぞほっとしたことでしょう。嬉しかったことでありましょう。政治権力に憑かれた人間は、政治というものが一人の人間をも不幸にしてはならないためにあったことを忘れ、政権をうるために邪魔になると思えば殺すことも正しいと錯覚するのですね。人間の幸、不幸という心の世界が政治で左右されてたまるものですか。

彼はお吉をつれて京都に上り、お吉を祇園の芸妓にしてから、宴席で、京都所司代に近づかせ、お吉の口添《くちぞ》えでハリスの意向を伝え、開国の必要を説き、それが決して、幕府を危《あや》うくするものではないと説いて、専《もっぱ》ら、外国と日本が対等の条約を結ぶ実力を貿易によって得なければならない、強兵よりも先決は富国《ふこく》であり、それによって、市民の困窮《こんきゅう》を救えば、幕府への国民の信頼は愈々《いよいよ》深まるという線を強調したようです。

慶応三年九月から、一部の神社仏閣と勤王の志士とが組んで、大神宮、秋葉大権現、熊野三社、金比羅等その他三光福寿神、三峰山大権現、豊川稲荷、水天宮等のお札を東海道の各宿場町の要所要所の家や庭に撒《ま》き騒がせたというういわゆる「お札《ふだ》降り」の事件にもお吉は関わりを持っていたことでしょう。

お守り札を撒かれた家はめでたいとて、神社にお礼をして町内一統へお神酒《みき》を振る舞えば、代官も手代も酒や肴を祝う。町民はありがたや、ありがたやとて、そこへお参りするので、その家はもちろん町全体が休業。生産も、ために麻痺《まひ》状態になり、それが一カ月も続いたのでした。豊かな財を持つ家をねらって札を撒いたので、撒かれた家はめでたいと言って、三十両乃至五十両の大尽《だいじん》振舞い、衣類をくばる。それを欲しさに貧しい人々は朝から夜、夜から朝まで商売を忘れ、男装の女、女装の男達が唄を歌い、踊りながら市中をねったということです。

「エージャナイカ　エージャナイカ　ほほ豊年じゃ
おまえあめりか今更わしをふらんすか　何処へいぎりす　ほらの貝
おらんだこの子はおろしゃせぬ　とこ世の中よござんす

エージャナイカ　エージャナイカ　太右衛門さん　いっちく　たーちく　豊年じゃ
エージャナイカ　エージャナイカ　ほらの貝」

このため、幕府の権力が無視される形となりました。そこで慶応三年十一月二十一日、幕府は口達《こうたつ》を出し、奉行所の役人を手配して、お札の撒布者《さんぷしゃ》の一斉《いっせい》おめしとりとなっております。その口達によると「市中女　子供　男の姿をまね、或は髪を切り、風俗を相乱し、如何の事に候。右は畢竟、親爺の躾方　不行届の儀に付、一同急度申付候可き処、此度の儀は出格之宥免を以て咎に及ばずとの沙汰、別紙名前の書相渡候間、以後心得違の無き様取締方町人共より急度申し聞く可……」とて、それぞれ二百五十人に余る男や女達の名が不心得者《ふこころえもの》として連記されております。

その年の前年には全国的な打ちこわしの暴動がありましたので、人々はこのお札降りの事件を面白半分に迎え、新しい「エージャナイカ」祭りで解放されようとしたものでしょう。もちろん民衆一般というのではなく、その中の頭の弱い一部の人々でしょう。政変《せいへん》とか世界の情勢がどうあろうと、解放される者は市井《しせい》の方丈《ほうじょう》にあっても解放され、解放されぬ者は山の中にあっても自由を楽しめるものではないからです。

一方、お吉は松浦武四郎の意見に共鳴し、開国和親《かいこくわしん》、公武合体《こうぶがったい》に側面から協力し、ハリスと幕府が結んだ通商条約の勅許を得るよう目立たぬ橋渡しの仕事をしておりましたが、肝心《かんじん》な幕府の態度が決まらないで、外国人嫌いの松陰に育てられた高杉晋作や久坂玄瑞や木戸孝允を中心とする武士と、朝廷側の三条実美《さねとみ》を中心とする公卿《くげ》とが攘夷を主張したといっては鎖国政策をとって失敗しているうちに、長州の連中が開国論者は朝敵《ちょうてき》だとばかり兵をあげて蛤御門《はまぐりごもん》の変をおこしてしまったのです。そこで朝廷では皇居に発砲した長州は朝敵だから討てと幕府に勅命《ちょくめい》を下しました。

一方長州藩の兵が自分達の力をも考えないで、下関海峡で、アメリカ、フランス、オランダの軍艦に発砲、また、薩摩の兵が生麦でイギリス人を殺傷したことから、イギリス、アメリカ、フランス、オランダ四カ国連合軍と戦いがおこり、両藩ともこれにもろくも惨敗、連合軍は兵庫に入港して、賠償を請求、通商条約に対する勅許《ちょっきょ》を迫りましたので、朝廷では御前会議の結果、仕方なく孝明天皇は慶応元年条約に調印し、兵庫を残して港を開き、慶応三年には兵庫も開港、ここにようやく攘夷運動も下火になったのでありました。

条約が勅許されたことを松浦から聞いて、お吉はさぞほっとしたことでしょう。自分の努力や犠牲が無駄にならなかったと思ったのでしょう。けれど、松浦武四郎から、勅許になるまでのいきさつがほんとうに心から出た和平を求める動きからでなく、いやそれどころか、薩長の武士達が開国に反対して暴力や武力に訴え、それに手痛い反撃を受けてのやむを得ない結果だったことを教えられ、自分を支えていた心の柱が音をたてて崩れる絶望をおぼえるのでした。ちょうど民主主義が政治運動とはかかわりなく、第二次大戦の結果占領政策として日本にもたらされたのによく似ています。

お吉の誠意や献身とは無関係なところで、歴史の歯車はゆっくりと、季節のようにめぐっており、それに逆《さか》らう者をも順応する者をもひとしく呑《の》みこみ、噛《か》み砕き、深い大きな河のように流していく。そして、誰もその果てしない広大な河のゆくてを知らないのです。その河岸にお吉は茫然《ぼうぜん》とたちすくんだのでございましょう。「傍観者《ぼうかんしゃ》は勝負がよくわかる」ですって？その通りですね。その傍観者さえわからぬのが、流れる生命の河のゆくてではないでしょうか。

かつて伊佐の殿さまに、「人を愛するよりも、お国を愛することの方がどれほど尊いかしれぬのだ」と言われ、お国のために、恋人の鶴松を忘れ、世間の嘲笑《ちょうしょう》に耐え、開国一途《いちず》に努力したつもりでいたのでしたが、その間じゅう自分の胸に描かれていた「お国」と、伊佐の殿さまは申すに及ばず、鶴松が自分にあいそづかしを言った時、鶴松の胸に植えこまれていた「お国」や、長州藩とか公卿《くげ》とか、朝廷とか、幕府とかが、日夜争っている「お国」などとは、その言葉は同じでも、中味は全然違っていたことを、お吉は徹底的に知らされたのでありました。

公卿の岩倉具視、三条は、薩長の下級武士の手によって成功した薩長同盟のリーダー伊藤博文、西郷吉之助、大久保利通と結んで慶応三年十月、討幕の密勅《みっちょく》を下し、土佐藩の山内豊信は後藤象二郎に大政奉還の建白書《けんぱくしょ》を幕府へ提出させました。幕府の最後の将軍、徳川慶喜は建白書の内容が別に従来とは少しも変わっておらず、兵権も領地も失われていないし、政治の実質的な実権は従来通り上院と名のかわった列藩にあると安心し、十月十四日大政《たいせい》を奉還《ほうかん》したのでした。その間に幕府に好意的だった攘夷派の孝明天皇も家茂も死去されました。

大政を奉還させることに成功した倒幕派の連中は再び御前会議を開き、摂政、関白、将軍を廃止し、慶喜に官を辞めさせ、領地を返上させるため、慶応四年正月八日、王政復古《おうせいふっこ》を宣言しました。そして二日後には諸外国にそれを通告するというあわてぶり。まるで火事場泥棒《かじばどろぼう》のような仕打ちでした。

幕府はだましうちを喰《くら》ったようなものですから、会津、桑名の二藩をはじめ幕府側を憤激《ふんげき》させ、鳥羽、伏見で始まった内乱は、五稜郭（北海道函館）での幕府方の抵抗が終息するまで続きます。内乱の治まる前年、明治元年八月、明治天皇は即位の式をあげ、年号も九月には明治となり、十月江戸は東京と改められました。そして、天皇は明治二年三月から東京に永住、従来の封建といわれた社会組織も全部改められていったのでありました。

やがて明治九年帯刀も廃止され、松浦武四郎も家禄奉還《かろくほうかん》の規則に従って秩禄《ちつろく》処分を受け、六カ年分の禄高《ろくだか》にあたる現金と五分から一割利子付の金禄公債証書を受け、民権新聞の記者となり、伊佐新次郎も同じようにして、彼は特に外交折衝《せっしょう》の功を買われ、外務省の要職に就いたのでありました。

七章　狂乱

お吉も、そうしたあわただしい動乱の中で、京の祇園の芸妓をやめ、明治九年三十六歳には三島で金本楼の芸妓として二年間働きました。金本楼に登楼する政界や財界の人々に親しく接している間に、お吉は彼らが、「依《よ》らしむべく、知らしむべからず」という今までのやり方を改めて、義務教育制がしかれたけれど、めざすところは「尊王愛国《そんのうあいこく》の志気《しき》を養成する」とか「振起《しんき》する」というところにあって、外国と貿易して国をゆたかにするとともに、それにふさわしい人間を育てるという望ましい大切なことを忘れていることを知り、客達とも激しく争ったり、そのために全国に徴兵令《ちょうへいれい》をしいた明治の政府は「馬鹿ばかりだ」と客席で平然と罵《ののし》ったりしました。

また街道筋の親分や子分達が金本楼で賭博《とばく》をやったりすると、時々顔を出しては、いかさまをあばいたりして大騒ぎになったりするようないたずらをして楼主に嫌われ、ついに金本楼もお払い箱になったと聞いております。

その頃は東京・大阪間の電信や、新橋と横浜間の鉄道も敷かれており、街路《がいろ》には、ガス灯が立ち並び、夕方になると脚立《きゃたつ》を担《かつ》いだ人夫が、マッチをすってガス灯に灯《ひ》をともして歩くのが見られました。異国情緒《いこくじょうちょ》一色に塗り変えられ、それも、イギリスやアメリカやフランスの思想や風俗が、指導者達の都合によってとり入れられたり、棄てられたりしたために、異国は異国でもどこの国に自分が今運ばれてきたのやらわからなくなってしまうような錯覚さえおぼえるのでした。

政商達も洋服を着て、ザンギリ頭で口角泡《こうかくあわ》を飛ばしているのを聞いていると、肩を張って二本の刀を腰に差した「さむらい」が、舞台裏で自分の出る芝居の幕間を待って、台詞《せりふ》を練習しているようで、お吉にはどうしても正気《しょうき》には見えません。旧幕臣で進歩的な福沢諭吉、津田真道、加藤弘之、中村正直といった人々は明六社を結んで明治政府を助け、思想的に指導している反面、全国の幕府の旧臣達は、すっかり政治上の特権も経済的地位も奪われたために、全国的な反乱を各所でおこしていました。七年には佐賀の乱、九年には熊本神風連の乱、前原一誠の秋月、萩の乱も明治政府によってやっと平定《へいてい》されるといった状態でした。

彼らの話の様子では、征韓論に破れた西郷隆盛が全国の不平士族や私学校の門弟や急進分子に担がれて、桐野利秋とともに反政府軍をおこしたため、谷干城が守備している熊本の鎮台《ちんだい》が危ないらしく、そこで、いよいよ百姓が召集され、士族と同じく兵隊となってお国のために御奉公する時が来たことや、貧乏ぐらしにあきあきした百姓の二男、三男坊も新教育のおかげで忠実な兵隊となっていくらでも軍人として立身出世できるよい機会が到来したというものだと

お吉 四十二歳　安直楼時代に写したもの

喜んでいる人が多いのに驚きました。

そして、かつて幕府の台所をあずかって御用金《ごようきん》の調達《ちょうたつ》をしていた、またそのために財をなした豪商《ごうしょう》の三井、小野、鴻池組の商人達が、幕府を見限って新政府のあと押しをしていることもわかりました。

一方、「自由」に活動しても対立したり争うこともない「平和」や「正義」を真実愛そうと努力する民衆は、重税に苦しみながらも、侵略を事とする人達が一日も早く消えて、楽に、誰でもが平和な自由な生活の送れる日が来ればよいと夢みていました。金本楼の主人も、酒や米の五倍にあまる値上がりに喘《あえ》いでいたところへ持ってきて　お吉が大切なお客と相手かまわず口論するし、深酒《ふかざけ》をやるので、とうとうがまんできなくなってお吉に出ていってもらったもののようです。その頃、お吉は「どうせ正気《しょうき》じゃ世渡《よわた》りゃできぬ、剣菱《けんびし》　持てこい　茶わん酒」とか「さめちゃ浮世《うきよ》がうるそてならぬ」といった即興《そっきょう》の都々逸《どどいつ》を作って、歌ったりしておりました。

三島を発ったお吉の、その後の足どりは、親友にも話さなかったためか、全然わかりません。一説では、横浜で新内流《しんないなが》しをしていた時、鶴松と再会し、世帯《せたい》を持ったけれど、性《しょう》があわず、別れて下田へ帰ったのが明治十一年、三十八歳の時といわれています。明治十一年、三十八歳で柿崎村で結髪いを始めたのですが、三島から東京、横浜と遍歴《へんれき》しています。東京へ何しに行ったのか、その点は不明です。江戸の頃、日米条約締結の地麻布の善福寺へ行った昔がなつかしく、幽鬼《ゆうき》のように、流浪《るろう》の足は東京へ、お吉を導いたのかもしれません。どちらにしても、東京もまた、お吉には安住の地ではなかったのでしょう。お吉は歌舞伎が好きでよく新富町の歌舞伎座へ行き、俳優の木版の絵姿を求め、それに、「伊豆下田きち」と署名して大切に持っていました。

鳥追《とりお》い姿で歌舞伎の絵姿を求め、淋しいうらぶれた心を一人慰めていたのかもしれません。

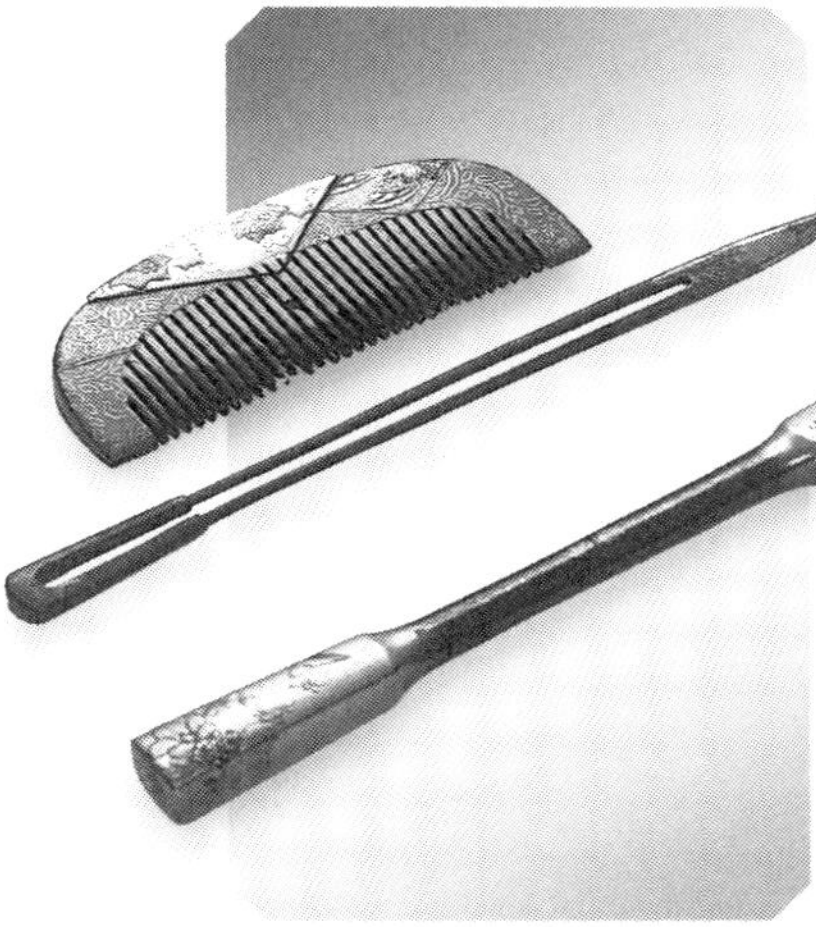

お吉の使っていた櫛、かんざし類

さて、伊佐新次郎は、下田へ来て、お吉の足跡をたどっている間に、自分としては極めて当然な考えから、極めて適切と思われる行動をとってきたと安心していた新政府の官吏《かんり》生活に、たったひとつ、ひどくお吉のことが未解決として心の奥にひっかかり、そのために苦しんでおりました。それはお吉によって代弁されると言ってもよいこの何も知らぬ民衆を、自分達が勝手に利用し、踏みにじり、そのあとをも顧《かえり》みなかったことに対する自責《じせき》の念《ねん》であったのかもしれません。

下田橋はすっかり改修されておりました。自分がかつて下田奉行所に転任になってきた時と同じように河岸にはなまこ壁の土蔵の家が点々と並び、岸壁には清水や、波浮《はぶ》の港や、土佐の船団が赤や青で彩色した旗をマストになびかせて繋がって並び、町も文明開化で活気づいているようでした。彼は橋を渡ると左に折れて、河岸にそった長屋町、原町、中原町と出て、色街《いろまち》の裏通り大工町に廻り、ふと左手を見ると、河岸にある広場に大勢の人々が輪を作って何やらわめいているのを見ました。胸騒ぎをおぼえた伊佐は、人力車から降り、急いで人垣をひとがきを分けて見ました。すると髪を無雑作《むぞうさ》にうしろで束《たば》ね、鼠色《ねずみいろ》の縞もはっきりしない、よれよれの着物を着た、跣《はだし》の女が、米俵《こめだわら》の米を群がる人達につかんでは投げていました。伊佐はその女をじっと見すえていました。人々は「やい、このばちあたりめ」「ごくつぶし」「唐人の肉食った罰だ」などと、さんざん悪口を投げつけます。女はお米を「腹の空いた者は持って行け」と往来にばらまきました。「雀《すずめ》も食べよ、そら食べよ」と絶叫していました。

人々の中に、赤ら顔の頑丈《がんじょう》そうな船頭《せんどう》が苦笑《にがわら》いをしていましたので、伊佐はその事情を聞きました。そして、その女こそ、自分がたずねていたお吉のなれの果てであることを知って驚きました。その男は、大国丸の亀吉という船頭で、お吉が今から九年前、明治十五年、安直楼を営んでいた時のこと、安直楼に泊まり、賭博《とばく》で負け、帰る旅費もなくなり困った時、無事に帰国できるようにお吉が米や金を恵み与えてくれました。たまたま、下田へ寄ったので、久しぶりに会ってお礼を言うつもりで、米一俵を彼女が寝ている小屋まで運んで、その枕元《まくらもと》に投げたところが、

「乞食《こじき》扱いにした。これだけあれば食いつなげるだろうとは何だ」と怒って、この始末だというのです。伊佐は「やっぱりお吉だったのか」と思うと、なつかしさと不思議な哀しさが胸につきあげてきて、人々のいることも忘れ去り、「なんだ、お吉じゃないか」とお吉に近づきました。お吉はキッと、切れながの涼《すず》しい目を見張りました。そして、よろよろと伊佐の前に寄ってきて彼の目をじっとにらんでいましたが、いきなり伊佐の蝶ネクタイを左手で摑《つか》み、

「生きていたか、伊佐。自分だけ出世すればそれでことがすむのか」というや否や、伊佐の頬を左手で撲《なぐ》りつけました。

「このあま、何をしやがる」

驚いた人々はお吉を「こんな偉いお役人さんに乱暴を働くなんて、毛唐《けとう》の毒が頭にきたにちげえねえ」と取り押さえました。

お吉に撲《なぐ》られて怒ると思いきや、伊佐はお吉の前にひざまずき、両手をついて「お吉、苦しかったろう。勘弁《かんべん》してくれ。こうなるよりほかに、どうしようもなかったのだ」と言い、額《ひたい》を土につけて謝りました。人々は事のなり行きに驚いて茫然《ぼうぜん》と二人の出あいを見ていましたが、わけのわからぬまま一人去り二人去り、その場をたち去って行きました。彼女は、よろよろと

小屋へ戻り、戸を閉めると、むさ苦しいござの寝床に倒れ伏し、号泣《ごうきゅう》していたということです。その頃、お吉は下田での十七人の浮浪者《ふろうしゃ》の一人に数えられておりました。

その後、伊佐新次郎はどうなったのか誰も知りません。自分を欺《あざむ》いた伊佐に謝《あやま》られたお吉は、そこに伊佐であろうと、将軍であろうと、天皇であろうと、自分の力ではどうにもならぬ、時代の深い、そして時間のように気づかぬ流れに押し流されてゆく自らを知り、よよと泣き崩《くず》れたのでしょうか。

八章　入水自殺とお吉の墓の由来

その翌日、即《すなわ》ち明治二十四年三月二十五日、理源寺を追われたお吉は、下田川の上流にそって鉄道馬車の通っていた道をたどり門栗《かどくり》ケ淵《がふち》の上流で豪雨《ごうう》の夜ついに投身して果てました。

近所の農家では「誰だかわからなかったけれど、夜なかに、御詠歌《ごえいか》を歌っている女の人のきれいな声をききました。朝見たら、門栗ケ淵にこの人が逆《さか》さに浮いていたんです」と言います。検死に立ち会った人達も、それで自殺と判明し、すぐ下田の寺に連絡しました。二、三あたったのですがどこの寺でも、「身寄りのない者は受けとれぬ」と引きとってくれませんでしたので、お吉は引きあげられたまま、こもをかぶり二日間そのままになっていました。

お吉は愛知県内海の生まれで、四歳の時下田に移住したとの説もありますので、身寄りがないといわれたのかもしれません。また養子の安吉は生きて最近まで実在していたのですが、八歳の時親子の縁を断ったことを理由に引きとりに応じなかったことが決定的だったのです。

たまたま、宝福寺の十五代住職の竹岡大乗師が相玉からの法要の帰途《きと》、そこを通りかかりました。近所の農家から出てきた老人が放置してあるお吉の遺骸《いがい》を引きとってくれるよう頼みま

お吉ヶ淵（門栗ヶ淵）昭和五年頃

した。すると大乗師は、
「如来《にょらい》さまの胸にだかれたきょうだいだ。私がひきとろう」と申し、下田へ帰ってきて人夫を探しましたが、「唐人」だと聞いて、「唐人にさわると指がくさる」と嫌い、人夫になって出てくれようともしませんでした。

　そこで困った師は、檀家の正木正吉という篤信《とくしん》の同行者《どうぎょうしゃ》に頼みましたところ、彼は「お寺さんの言うことですから、承知しました」と快く受けてくれ、一人では無理だといって、親しい雑役人《ざつえきにん》で、新田町に住んでいた小平という男をつれて来てくれました。

　大乗師は大八車《だいはちぐるま》にお吉を載《の》せ、夕方六時頃、本堂の拝前《はいぜん》で正信偈《しょうしんげ》をあげ、三人でねんごろに葬式を済ませ、
「お墓がないから、火葬にしたら正木さんのお墓を貸してやってくれ」と頼みました。

「ようがす」と正木さんは、快《こころよ》く承知して、杉の大木の下にある正木家の墓の裏に土葬にしておきました。が、やはり気になったのでしょう。正木さんは、その後大きな茶色の壺《つぼ》を持ってきて、墓の裏を掘りおこし、お吉のお骨を壺に入れ、自分の墓の中に合祀《ごうし》したのでありました。

大乗師は、よそのお寺で引きとらぬお吉を引きとったというので、寺院仲間の反感を買いました。彼はそれにもめげず、布教に専念致しておりました。

徳川幕府は戦国時代からの永い歴史の教訓で、町人のうちこわしや百姓の一揆《いっき》を極度に恐れていました。そしてその原動力は宗教、特に仏教の中でも真宗のように僧侶も俗人も、貴賤貧《きせんひん》富《ぷ》、修行の有無を問わず、男女老少を問わず、智愚善悪《ちぐぜんあく》をえらばないで平等に仏果《ぶっか》をうる弥陀法を信奉する在家仏教徒の教団を嫌い、これに種々の弾圧を加えてきました。その場合も、同じ仏教の異なる宗派《しゅうは》の持ついわゆる宗派根性を利用して同士討ちをさせるように仕向けたり、国学を振興させて大乗非仏説論をでっちあげて、仏教教学の伝統を破ってその権威を失わせ、仏教でない勝手な説を仏教として分裂させることによって自滅させようとしたりしました。

仏教ばかりではなく、キリスト教に対してもこれをあるいは弾圧し、あるいは保護したりして為政者《いせいしゃ》の命令に絶対服従することを妨《さまた》げる世界的宗教から民衆を遠ざけ、神道を国教化して民衆を迷信に追い込み、弱肉強食の世界に君臨《くんりん》する強兵を作るために総力をあげてきたといってもよいでしょう。その間にとられてきた政策の一つとして、城下町には各宗の寺院を建てさせるようにして、一宗一派に片寄らせぬようにしたものでございます。ですから、どんなわびしい片田舎でも、およそ領主のいる所には、いろいろな宗派の寺が建っており、お互いがお互いを牽制《けんせい》しあって、結局は領主のよき忠僕《ちゅうぼく》となるように仕組《しく》んだものでありました。

〝教〟とそれを受ける人間が問題とされたのは、いきおい、特殊な宗数的人間だけに限られていたのも、この日本においてはやむを得ぬことでありましょう。民族に固有の宗教というものがあるかのように錯覚させ、それを第二次大戦まで信じさせることに成功した為政者の罪は重大です。真実の宗教は国境を超え、民族を超え、人類の〝宗《むね》〟とすべき、焼けども失せぬ宝であって一族とともに亡《ほろ》びさるものであってはならないでしょう。

ところで当時、檀家と檀那寺《だんなでら》との結びつきは強く、それだけに、寺でも檀家でない場合はこれに干渉《かんしょう》しないというタブーに近いものが、おのずとできておりました。そこで、お吉は大乗師の寺の檀家ではなかったので、大乗師もお吉の檀那寺の意向を聞いたのですが引きとらぬと知って、可哀想に思いお吉を引きとったのでありました。それをよく思わぬというのは、その頃のタブーを破ったということばかりでなく、ラシャメンに対する偏見があり、犬畜生《いぬちくしょう》以下にラシャメンを軽蔑《けいべつ》していたからでもあったと考えられます。

目に見えぬ餓鬼《がき》には施《ほどこ》しても、目に見える餓鬼には回向《えこう》の心を持たぬ心の貧しさ、目に見える場合でも、動物や魚を愛玩《あいがん》して万金を投ずることもいとわぬのに、その日の生活にも困窮《こんきゅう》している人々を平然《へいぜん》と見殺しにする人の心の愚かさ、身勝手さ。大乗師は深くそれを哀《かな》しんだの

宝福寺第15代住職　竹岡大乗師

であります。

大乗のこころ

大乗師はやがて、「下田へはもう二度と帰ってこない」と申しまして、横浜の刑務教誨師《けいむきょうかいし》として死刑囚の救済にあたりました。明日は絞首刑にされるという囚人にお話をし、「私が至らぬために、あなたが私の身がわりになって処刑されるのです。どうぞ私を許してください」と師は囚人に合掌したと聞いております。

そのようにして、囚人と生活しているうちに、囚人の天然痘が感染し、死ぬほどの目にあいました。幸い顔にもその跡は残りませんでしたが、知らせを受けて宝福寺からお迎えに行き、やっと下田へ帰ってもらうことに成功し、師は宝福寺の住職として生涯を終えたのでありました。天理教が下田に根をおろした時、「因果《いんが》を無視した邪教《じゃきょう》である」と師は天理教の教会まで出かけて行って獅子吼《ししく》し、信者にめざめて貰《もら》おうとしましたところ、石や瓦《かわら》を投げつけられ、血だらけになってもなお、説法をやめなかったという、きかぬ気のところもありました。

得をしたのは、下田から一緒について行った商人で、彼は、説法しているそばで甘酒の屋台を開き、甘酒《あまざけ》が売れて大儲けしたということです。

大乗師はお吉に法名を「釈貞歓《しゃくじょうかん》」とおくりました。ヒュースケンから写真術を学びとった下岡蓮杖氏とは無二《むに》の親友で、下岡蓮杖氏が七十七歳の時、蓮杖氏は手製の箱を作り、朱《しゅ》で蓋《ふた》の裏側に「明けてようよう七十七歳」と書き大乗師に贈っております。蓮杖氏より、お吉が開国のために陰の力となった犠牲者であることを聞いて知っていたことも考えられ、「まことのよろこび」という法名をおくったのでしょう。また、夜になると、お吉は空腹に耐えられず、庫裡の玄関に背をむけて黙って立っていることが多く、そのたびに、大乗師の母親おうめが、おむすびを握っては与えていました。それを見ていた大乗師は、お吉の自殺した姿を見て放置《ほうち》しておくには堪《た》えられず、引きとるために奔走《ほんそう》したのでございましょう。

かつて山岡鉄舟が下田へ来て、下田の十箇寺の各住職と面談したことがありました。お話が終わって記念に揮毫《きごう》をということになりました。鉄舟は他の住職達のためにさっと一筆鉄棒を描き、「心の鬼を払え」と書いて与え、大乗師の顔をじっと見ていましたが、筆をとると一筆、「南無阿弥陀仏　山岡鉄太郎謹書」、と書いて与えました。大乗師の遺品として今でもそれが寺に保存されていますが、大乗師にはそうしたやさしい心がたえず燃えており、それが鉄舟に名号を書かせたのでしょう。そうした慈愛の心がまたお吉を引きとる勇気となって師を動かしていたのでございましょう。

大乗師が病床に伏した昭和初期、町の郷土史研究をしていた村松春水という医者が大乗師を訪れて参りました。そして、お吉についていろいろと質問しました。大乗師は「お吉は唐人お吉といってな……」と村松氏にお話ししてくれました。村松氏は毎日、大乗師のもとに通っていましたが、やがて顔を見せなくなり、大乗師も亡くなりました。

間もなく村松氏は『実話唐人お吉』を世に出しました。村松氏がお吉を世に出す前、村松氏以外に、田中貢太郎、矢田挿雲、石井信一、日下矢逸、吉田初三郎、信田葛葉……といった人々が『ばら娘』という名で単行本にして出しておりましたが、いずれもお吉を軽蔑《けいべつ》したり、皮肉ったりしたものが多く、面白半分というところでした。しかし、村松氏は大乗師から「唐人お吉」という名を初めて聞いてそれを本の題名にも用い、唐人という名がばら娘よりも何よりもお吉の生涯をずばりいい当てていると感じたのでしょう。

彼は、自分の菩提寺がお吉の菩提寺《ぼだいじ》となるべくして引きとらなかった寺であったことを非常に残念がり、大乗師がいやいやながら引きとったと『実話唐人お吉』に書きました。そしてお吉の命日を役場で調べたがわからぬとて、大乗師に過去帳《かこちょう》を見せてくれと頼み、大乗師からお吉が明治二十四年三月二十五日に自殺したことを知りました。埋葬したその足で大乗師は役場に行ったのでしょうか、それともどうしたのでしょうか、役場の記録は明治二十三年と書きいれられています。

十一谷義三郎氏も村松氏の『実話唐人お吉』の版権を買い、これを『時代の敗者』という小説として出版、真山青果はこれを脚本にして本の題名のまま、昭和五年、新宿第一劇場で市村亀蔵の鶴松、片岡仁左衛門のお吉、沢村訥子のハリスで上演、同年市川松蔦も歌舞伎座で興行し二カ月の続演という当たりをみました。

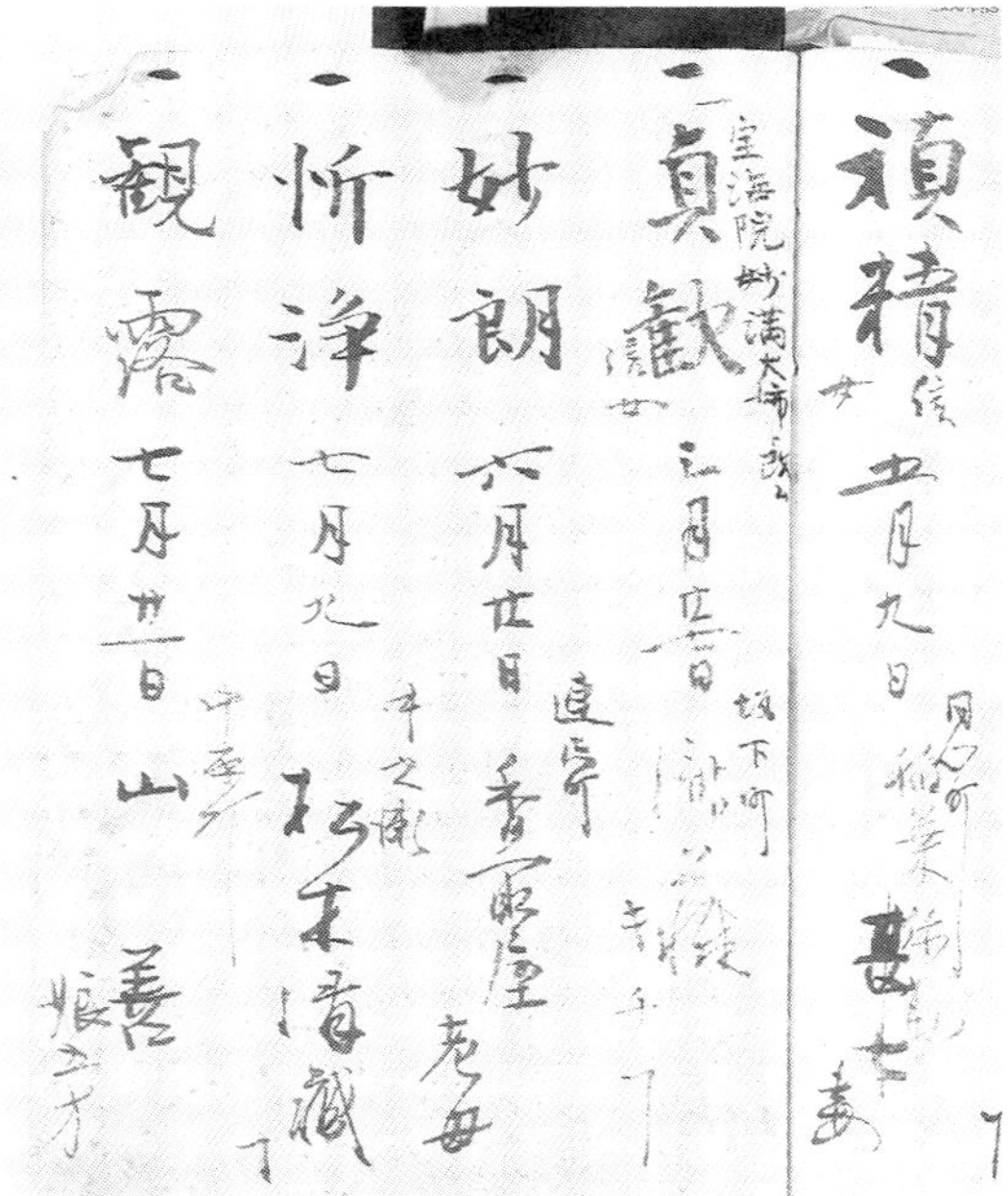

お吉法名所載の過去帳

その後、映画にまた小説に歌舞伎に表現せられ、お吉の悲話は、幕末・明治の暗黒時代に対する庶民の抵抗として脚光を浴びました。そのため軍部からは「国辱《こくじょく》」、日本のピューリタンの一部の人々からは「聖人ハリスをけがす」と抹殺《まっさつ》論が出る始末でした。そして第二次大戦の敗北後は、時々お吉抹殺論が出るといった状態です。

千葉に住む詩謡誌『花園』の主宰者である詩人、市原三郎君は、

世の人よ
善しあしごとを言わば云え
お吉の誠
ハリスは癒えて

とうたって、時代の敗者お吉のまごころと愛情を抹殺しようとする彼らの鬼のような冷たい心を悲しみました。

ところで昭和五年十一月、唐人お吉の姿でお吉の墓に水谷八重子氏がお参りに来ました。町の人々は、あののんだくれのお吉に、あんな綺麗《きれい》な俳優が扮装して来た、一体お吉のどこがよいのかと、かつはあきれ、かつは驚いたものです。それに、八重子氏が乗ってきたすばらしい自家用車には目をむいてしまいました。

お吉が死に場所を求めて歩いた明治二十四年来、未だに下田川の川ぞいには鉄道馬車がピーポー、ピーポー、レールに馬糞《ばふん》をおとしながら走っていたし、県知事や代議士以外、自動車に乗れる人は稀《まれ》でありました。それどころか、一頭立《いっとうだ》ての馬車に乗るのも贅沢《ぜいたく》とされ、田舎を走る時は、気の弱い婦人は馬車に乗っていても人に見られるのをはばかって首をひっこめるという御時世《ごじせい》だったのです。

彼女はデビュー作品にお吉を演じて成功し、お礼のお参りに来て、公孫樹《いちょう》の木の下にある無縁の墓をお吉の墓と思い香華《こうげ》を手向け、さてお経を住職に読んでもらおうと思ったところ住職は亡くなっていてどうにもなりません。そこで心を残しながら帰ってから、お吉の墓をもっと立派なものにしようと、まず自分が焼香台《しょうこうだい》を寄附いたしました。

当時の総代達は住職に代わって市川松蔦氏や大谷竹次郎氏や、梅村容子氏らの寄進を受けて立派な新しい墓を建設、これを寺に寄附いたしました。大きな墓なので置き場がないというので、村松氏や総代達は、寺の参道に面した境内地にそれを置き、村松氏の話をそのまま受けて公孫樹の下にあった無縁《むえん》の墓から誰のお骨かわからない火葬にした遺骨を新たに新しい墓に移しておきました。作曲家の山田耕筰氏も来山し、その墓石の前でオルガンをひいてお吉の霊を慰めたのもその頃です。

やがてその年も暮れ、明くる昭和六年頃より、全国から観光客がお吉の墓に参拝に来、下田町は俄然《がぜん》観光の街として脚光を浴びるようになりました。そして訪れた観光客らは言いまし

お吉の元の墓

た。「私達は悪い道路やちゃちな旅館をもがまんしてまで、どこにでもある景色を見るために下田へ来たのではありません。お吉の苦しんだ歴史、彼女の見た海や山、彼女の住んだ街を見、お吉の墓に参拝して彼女にまつわる秘話を聞くためにはるばるお参りにやってきたのですよ」と。そして人々は、満州事変、支那事変、第二次世界大戦という非常事態のさなかにも、連日お参りに来ておりました。

だがその間ぢゅう、お吉の墓石は参道そばに投げられたまま、香華を手向けたくとも寺の住職となった私が戦争に召集されて、報道班員として留守をしていたため、墓石は近所の子供達のままごと遊びの場所として放置されている状態でありました。

永い戦争が終わり、人々はやっと地獄から這《は》いあがり、しばらく、餓鬼や畜生道を経《へ》めぐっていましたが、従来の日本の歴史の悲劇的実体を直視し、そのあやまりを知るようになりました。そして従来何百年と永い間忘れ去られていた一人一人の人間の自由と平和と幸福とが尊重せられるようになったわけです。

そうした人間尊重の思想が深まり、高まってくるにつれ、お吉の事件が、昔のように一部の有識者ばかりでなく一般にも関心を持たれるようになったのですが、反面、お吉を敗戦後人々の関心をとらえた米兵相手の娼婦達と同一視する無知な人々も多くなって参りました。私も寺に帰り、そうした参拝者達の様子を見ていて、これは何とか由来《ゆらい》を説明してやらなければお吉さんがあまりにも可哀想《かわいそう》だと思っていました。

塔廟なる

それからしばらくたったある日の夕方、大乗師とともにお吉を引きとりに出た人夫《にんぷ》正木さんの息子さん夫婦が訪ねてきて、「今まであのお医者さんが私達に相談もしないで、新しいお墓に公孫樹の木の下の誰の骨かわからぬものを納めたので私達は黙っていましたが、わしらの枕《まくら》辺《べ》にお吉さんが出てきて」と、お墓に腰かけて半死半生《はんしはんしょう》にあった観光客と同じようなことを言い、「今まで黙っていたことをどうか許してください。お吉さんのお骨《こつ》は私達の墓に、大きな茶色のかめに入れてあずかってあります。火葬《かそう》にしろといわれても金がないので火葬にしたといって実は土葬《どそう》にしたのです。どうか、新しく寄附されたお吉さんのお墓にお骨を移してくだ

吉祥観世音菩薩

お吉の墓（分骨された新しい墓）

さい」と言っていました。

人夫の墓は大きな杉の木の下にあります。それで、村松氏が杉の木と公孫樹の木とを間違えて火葬のお骨を掘り出し、それを新しいお墓に埋葬したのであろうと思いました。私はさっそく、村松氏の間違えた記念の墓と、新しく寄贈されたお吉の墓を改めて本堂のそばに移し、土葬の遺骨を新しい墓に納めて改葬《かいそう》、ここにようやくお吉の墓はお骨を納めた塔廟《とうびょう》として、香華を捧げるお墓となったのでありました。

そして敗戦後は多くの人達の力で、菩提寺宝福寺にお吉の記念館がお墓のすぐそばに建てられ、墓前にも観世音菩薩の立像（大村正夫氏作贈）が弥陀の法水《ほっすい》をまんまんとたたえた宝瓶《ほうしょう》を持って、参拝する観光客の胸に、おしみなく功徳《くどく》の水を注いでいてくれています。そしてまた、今は、かつてはお吉を金のために身を売ったと誤解していた人達も、お吉を抹殺《まっさつ》しようとしていた人達も、等しく、自分の無知からであったことを知り、お吉の数々の遺品や物語を通し、墓前に香華を捧げてぬかずく美しい姿がいつでも見られるようになったことはほんとうに嬉しいことでございます。

ほのぼのとしたあたたかい人の心の情けに力づけられる思いが致します。仏家《ぶっか》では、香は信心の使いともいわれ、また、霊魂は食香《しょくこう》とて香を食とするともいわれ、焼香は大切な行儀の一つとされております。私達はお吉さんのお墓への参拝を通じ、如来さまの香り高い信仰の香華を胸に咲かせ、明るく力強く助けあって生きぬいて参りたいものでございます。

あとがきに代えて――愛は海鳴りの如く

去る五月二十二日（註・昭和五十五年）、読売テレビで、夜九時から十一時まで、ゴールデンドラマ「愛は海鳴りの如く」が放映された。長時間ものなので、だれるのではないかと心配したが、どうしてどうして、むしろ短いくらいにさえ感じられたのは、さすが、「新選組始末記」を作った監督中村金太氏の演出であると感心した。

お吉を佐久間良子、愛人の舟大工鶴松を細川俊之、二人の仲をさいて、異例ではあるが、ハリスの看護という名目でお吉を領事館に送る奉行支配組頭を木村功、オランダ人の通訳ヒュースケンの侍妾として妹芸者お福を宇都宮雅代といった主な配役陣。それらをひきたてる多くの俳優達の熱演も見事なもので、舞台と違ってひきたて役の多くの俳優達の努力がこうしたテレビ作品には大きく働くことをさとった。

スタッフは今年の初め、お吉の菩提寺である宝福寺を訪れ、朝早くお吉の墓に華や香を捧げたのであるが、その時のお吉の服装は、洗濯女として、津波後の苦しい家計を扶《たす》けていた娘の時のそれで、可憐《かれん》な桃割《ももわ》れ髪、川端康成の『伊豆の踊り子』の映画そっくり。ディレクターのチーフが私に「下田はどうなっているのでしょうね。市長の所へ行ったら、『お吉の姿で来な

佐久間良子「唐人お吉」より（東宝提供）

いでください。できるなら、伊豆の踊り子の恰好《かっこう》で来てほしいんですよ』と言ってました」。

かつて国立劇場で、水谷八重子と良重の両氏が「時代の敗者唐人お吉」を、特に八重子氏は癌とたたかいながら、それこそ、病院と劇場を往復しつつ熱演した時、下田の市民はバスをつらねて、ほとんど全員が劇場へ殺到したのを見てもわかるように、お吉に対しては慕情さえ抱いている。

現に、今年はお吉の九十回忌の法要を営んだのであるが、供養に参列する下田の芸者は、法要に理由もなく欠席すると三日間は客席に出ることを許されないし、源氏名の中で「おきち」は名乗れぬとさえ言われている。というのも、客が「おきち」と聞くと、おきちを名乗る芸者に「それでは新内明烏を頼む」と言うというのだ。それでは恥を掻《か》くというので、自粛《じしゅく》してのことだという。あっぱれなことだし、それだけ、お吉姐《ねえ》さんを心では敬《うやま》っているのであろう。

ところで、お吉は安政元年十四歳で芸妓《げいこ》になり、地震、津波の難を河津の生家にのがれている。この年ペリーが来、吉田松陰が渡航を企《くわだ》て失敗、投獄されたが、ペリーの計《はか》らいで処刑を免《まぬが》れるという事件が起きた。地元の古老《ころう》の間ではこの時、お吉と松陰との間に密書の交流があったと主張する者がいたが、徳富蘇峰は読売新聞紙上でこれを根拠のない俗説と一笑に附した。

この辺からお吉抹殺《まっさつ》論が出始め、敗戦後は木村毅が戦前からの抹殺論の先頭に立ったが、死後は大宅壮一氏がそのバトンをタッチして、「洗濯女」「売春婦」という妄説を宣伝し、ハリス

ボロボロになったお吉を演じて客席の涙を誘った佐久間良子さん
（1983 年　東京帝国劇場にて撮影）（東京新聞掲載）

をピューリタンの典型として大新聞二面をさいて抹殺論の論陣を張った。お吉領事館奉仕三日説もその時出されたものであるが、幸い大宅氏は私の『実説秘話唐人お吉物語』を読むことができ、自分が現地下田で私に会えなかったために大変なミスを犯したと、ていねいに即、詫《わ》びてこられたのは、立派であったと今も感心している。

お吉が鶴松と将来を誓ったのは安政三年十六歳、ハリスが柿崎の玉泉寺という寺を改築して領事館として住んでおり、翌、安政四年お吉十七歳で領事館へ出仕、この時、お吉は出仕《しゅっし》して三日目に大腿部に腫れものがあるということで、下田へ帰って養生し、治ったらただちに出仕するということで年俸も百二十両（六百万円－現価－）受けとっている。

公文書には事故のあったことと時を誌《しる》すが、再び出仕となれば、もとより当然のこととして改めて誌《しる》さぬは常識であった。この事故だけをとりあげてお吉抹殺論運動を玉泉寺が当時の渋沢栄一子爵に懇願、それが実を結んで、従来、横須賀で行なっていた黒船祭を下田が了仙寺先住清水氏と協力、海軍省、外務省に働きかけ、ついにその開催に成功、お吉を国辱《こくじょく》として供養祭に限定し芸者だけが陰で参列という形になり現在に至っているわけだが、お吉が芸者となって働いたのは十四歳から十七歳の三カ年であり、そのほかは下田の婦人として生活苦の中に喘いで、五十一歳、下田で入水自殺したのであるから、芸者は論なく下田の婦人達もお吉の心を同悲する供養の心なくば畜類《ちくるい》に堕《だ》する。

ただ先に書いたように、お吉を思う心人後《じんご》に落ちずとは申せ、観光とか黒船祭の行事に当

現代舞踊「唐人お吉の場合」（演出・振付：真船さち子、平成６年度・文化庁芸術祭賞受賞作品）で鶴松との仲を裂かれ、苦しい胸中を表現して舞うお吉（平成 20 年 1 月 15 日、新国立劇場にて撮影）

たってアメリカの高官を迎える役割を担当する公《おおやけ》の仕事につくと、俄然《がぜん》、お吉抹殺の側に立ってしまうのか、中でたった一人、清流荘の主人が観光協会会長をしていた時お吉顕彰《けんしょう》に力を入れたが、ついに思うに任《まか》せず辞職した。

そのあとを継いだ協会長は供養祭を中止したいという課長の志《こころざし》をよしとして努力してきたが、課長は倒れ、再起不能、下田の協会がどんなに、玉泉寺とともにお吉に目をふさごうとしても、テレビ、映画、レコード、劇場等、国際危機を機に必ず宣伝されるという大きな現実の前に、立ちすくんで為すところを知らないという実情にある。

「愛は海鳴りの如く」であらかじめ私は宝福寺の会館にスタッフ一同を集め、日中から黄昏《たそがれ》まで会談。異常と思われるほどの熱気の中で解散した。史談会をはじめ地元の人々の意見はまちまちで結局、私は私の『唐人お吉物語』をお貸しし、また大筋の経歴、お吉が中風《ちゅうふう》になってからもお酒を手放さなかったのだがその飲み方、鶴松の最期、流浪しながらも鶴松の命日にはお墓でお吉は山桃の実を肴にお墓と酒をくみかわしたことなどたくさんな生活のこまごましたことなどもお話ししてあげた。

それらが巧《たく》みに全部とり入れられており、特に、お吉の命日は、過去帳にも明治二十四年三月二十七日となってはいるが、実は三月二十五日の豪雨の夜、門栗ケ淵（現・お吉ケ淵）の上流で入水したのだが、二十七日に私の父の大乗が二人の人夫とともに大八車で引きとりに出て土葬にしたことを、市では知らないことなのだが、これをとりあげ三月二十五日とテレビでは明記したことなど監督の洞察が見えてすがすがしい。

安政六年五月お吉十九歳、ハリス一行は天城を越え善福寺という、江戸麻布の公使館にはいっている。このとき、お吉が善福寺で奉仕していたことを、住職の麻布照海氏も認めており、その件につき、氏は私に「お吉が私の寺にハリスと一緒に住んでいたことは内密にしてください」と懇願した。私は「内密にする必要はない」と主張して彼が対米感情を恐れることの無用なゆえんを話したのだが、彼が私に同意したかどうかだまっていたからわからない。

とにかく、現代のアメリカ人は、ハリスの名も知らず墓はペンペン草で埋《うま》っていたと氏は言い、お吉の名を知らぬ米人はほとんどいなかったと驚いていたことは確かだ。ジョン・ウェインの「黒船」（原作『ババリアン』）ではハリスの孫が脚本をとり原作では悪童であったハリスを真面目な宗教者、教育者としてとり扱《あつか》い、お吉はよきアシスタントであったとしていたが、麻布の善福寺公使館でお吉が懸命《けんめい》に奉仕し条約締結とともにいずこかへ去ったとしていた。

（昭和五十五年）

資料

書簡

大宅壮一

ただ一気に拝読、感銘深きことこのことに御座候
当資料室に於ては大切に保存し御芳情に対し永く深謝の意を表する存念に御座候
略儀ながら書中を以て御礼まで如斯御座候

昭和三十八年九月三十日

（東京・世田谷）

お吉の写真について

昭和四十二年八月、光文社が明治百年を記念して「明治の開幕」三巻を発行、その第一巻の箱の表に法被《はっぴ》姿の女の写真をお吉として大きく発表した。この人物は、町の医者村松春水が、かつて、下田の阿波屋旅館（写真屋船田万太夫氏が経営していたもの）の老婆《ろうば》に「この写真はお吉に似ているから、お吉として紹介させてほしい」と懇望《こんぼう》され、老婆もやむなく承知したもので、実は平野屋旅館の経営していた現在の映画館「湊座」にかつて興行《こうぎょう》に来た女旅役者の写真だと、もれ聞いている。

大宅壮一氏も私の本への感想を喜んで送ってくれただけに、ほんとうのお吉の写真には接しているが、今回出版の影山光洋氏の写真蒐集《しゅうしゅう》の労を思い黙認したものと考える。いずれにせよ、一時、テレビでソックリショーが流行したが、あるスターに似た人をつのったら五百人近い写真が集まるのはざらで、その中から一人のソックリ賞をえらんでいたことを思うと、私のそら似を募《つの》ったら、私とうり二つの人物が五万と出てくることであろう。

すでに、現在まで、「お吉の写真」と称せられる五人の人物のものが紹介されている。私はむしろその方が夢もふくらんでかえっておもしろいと思うのである。ただ、私がこの本に掲《けい》載《さい》してあるものは、写真を発見した人と場所と時間が違うのに写真の人物は同じ顔であるということ。そこに私はこの写真がただひとつ、お吉の顔であると確信した理由の一つがあり、また、お吉をよく知っていた長友の老婆や、広岡の鈴木老婆がこの写真の人こそ、お吉であると断言したことによるものであった。

竹岡範男・作詞
藤川克巳・作編曲
藤間勘太鶴・振付

下田の四季

一、鵜《う》島の城に　咲く花の
心も知らず　吹く風と
知っていながら　いつとなく
こがれて逢うは　しのび草
　春の夕べの　下田川

二、浜辺に濡れる　はまゆうの
燃える思いは　はるかなる
別れたひとの　住む港

茂　木　啓　子
テイチク・オーケストラ

いつしか明ける　夏の夜は
　寝姿山に　かかる月

三、凍る岬を　吹く風に
やさしくゆれる　べにつばき
お吉の涙　しのばれて
雌豹の肌に　こがねます
　秋も深まる　山のいろ

四、天城《あまぎ》こえれば　雪便り
雪より白い　水仙の
花の香りで　冬を知る
いでゆの里に　咲く花は
　命をかけた　恋の花

お吉年譜

天保12年　11月10日生まれ
弘化４年　７歳　新田村山家養女。おせんに養わる。
安政元年　14歳　芸妓。11月津波、生家にのがれる。ペリー来航、松陰投獄。
安政３年　16歳　鶴松と将来を誓う。ハリス、領事館をおく。
安政４年５月　お吉、領事館へ（『町会所御用日記』）
安政６年５月　19歳　ハリス善福寺へ、松陰ら53人処刑。
万延元年　20歳
文久２年　22歳　再び芸妓、ハリス帰米。
文久３年　宝福寺奉行所に山内容堂、勝海舟と会談。坂本龍馬の免罪。
明治元年　28歳　鶴松と横浜に同棲。
明治４年　31歳　鶴松と下田へ。髪結業、夫婦仲わるし。（廃藩置県）
明治９年　36歳　鶴松と別れみたび芸妓。三島金本楼に住む。
明治11年　38歳　下田に帰り髪結、傍ら宴席に出る。ハリス、アメリカに死す。
明治15年　42歳　安良里の船主亀吉の後援で安直楼をひらく。（コレラ流行）
明治17年　44歳　安直楼廃業。
明治22年　49歳　乞食の群に入る。
明治24年　51歳　自殺。

著者プロフィール

竹岡 範男（たけおか のりお）
平成15年没
元宝福寺住職
下田市芸術連盟会長
ケンブリッヂ・インターナショナルフーズフー会員
日本ペンクラブ会員
日本音楽著作権協会会員

唐人お吉物語

2006年11月15日　初版第1刷発行
2025年5月5日　初版第11刷発行

著　者　竹岡 範男
発行者　瓜谷 綱延
発行所　株式会社文芸社
〒160-0022　東京都新宿区新宿1－10－1
電話　03-5369-3060（代表）
03-5369-2299（販売）

印刷所　株式会社平河工業社

ISBN4-286-02022-3　JASRAC 出0612384-601